AREMBEPE

ALDEIA DO MUNDO

SONHO, AVENTURA E HISTÓRIAS DO MOVIMENTO HIPPIE

máquina de livros

AREM BEPE

ALDEIA DO MUNDO

SONHO, AVENTURA E HISTÓRIAS DO MOVIMENTO HIPPIE

CLAUDIA GIUDICE, LUIZ AFONSO COSTA E SÉRGIO SIQUEIRA

ILUSTRAÇÕES: JOHN CHIEN LEE

© 2022 Claudia Giudice, Luiz Afonso Costa e Sérgio Siqueira

Direção editorial: **Bruno Thys** e **Luiz André Alzer**

Capa, projeto gráfico e diagramação: **Pedro Menezes**

Ilustrações: **John Chien Lee**

Revisão: **Camilla Mota**

Dados Internacionais de Catalogação na Publicação (CIP)
(eDOC BRASIL, Belo Horizonte/MG)

G537a Giudice, Claudia.
   Arembepe, aldeia do mundo: sonho, aventura e histórias do movimento hippie / Claudia Giudice, Luiz Afonso Costa, Sérgio Siqueira. – Rio de Janeiro, RJ: Máquina de Livros, 2022.
   200 p. : il. ; 16 x 23 cm

   ISBN 978-65-00-54424-4

   1. Arembepe (BA) – História. 2. Hippies – Narrativas pessoais. I. Costa, Luiz Afonso. II. Siqueira, Sérgio. III. Título.
   CDD 301.246

Elaborado por Maurício Amormino Júnior – CRB6/2422

Grafia atualizada segundo o Acordo Ortográfico da Língua Portuguesa de 1990, em vigor no Brasil desde 2009.

1ª edição, 2022

Uma publicação da **Editora Máquina de Livros LTDA**
Rua Francisco Serrador 90/902, Centro
Rio de Janeiro/RJ – CEP 20031-060
www.maquinadelivros.com.br
contato@maquinadelivros.com.br

Nenhuma parte desta obra pode ser reproduzida, em qualquer meio físico ou eletrônico, sem a autorização da editora.

Para os arembepeiros de nascimento e de coração.
Claudia Giudice

...A vida corria como um filme em tempo real,
e desejei que não se dissipasse o reset existencial
nas águas límpidas do Rio Capivara.
Luiz Afonso Costa

Para os que viveram e os que não viveram,
o barato total do Jardim da Contracultura.
Sérgio Siqueira

SUMÁRIO

O que nos envolve.. 10

Aldeia do mundo.. 14

A casa do sol nascente.. 21

Discos voadores.. 25

ACM e os hippies no poder.. 31

A pedra filosofal da contracultura.................................... 39

Colecionador de malucos... 45

Camino Mazzano.. 51

Vera Valdez.. 57

Fernando Noy... 62

Sandete... 67

Zé Luiz... 73

Cacimbão, a fonte da dignidade....................................... 80

O fio da meada... 85

O cinema solar de Cândido.. 91

John Chien Lee... 98

Mick Jagger em Arembepe: minha primeira fake news..... 103

Uma noite na aldeia.. 110

Todo mundo hippie... 115

Maria Esther Stockler.. 119

O escritor, o general e o homem da noite............................... 123

Paulo Argolo.. 129

Bóris, o vermelho.. 135

Rivelino Martins... 141

Aldeia Mundi... 144

Arembepe XXI: reflexões temporãs.. 149

O que ficou.. 154

Arembepe do meu sonho, aqui e agora................................... 157

Entre as lagoas e o mar.. 165

1973: de aldeia de pescadores a paraíso.................................. 168

A lagoa marrom.. 171

1980: o mundo se abre para Arembepe 173

2004: fechando o ciclo de 40 anos... 175

Os hippies na aldeia e na mídia.. 176

Os hippies na visão dos moradores... 178

Espaço e tempo... 180

Utopia em lento naufrágio.. 181

Conrad Kottak atualiza cenário.. 183

Atualização 2017.. 188

Agradecimentos.. 195

APRESENTAÇÃO

O QUE NOS ENVOLVE

Pronuncie a palavra no topo de uma duna na hora do pôr do sol, vendo as ondas quebrarem na praia de um lado, e, do outro, o espelho das lagoas rasas entre coqueirais a perder de vista, e entenderá por que Arembepe e a Aldeia Hippie tornaram-se, por alguns anos, uma espécie de meca contracultural entre os lugares incríveis do planeta. "A terra que nos envolve" é a tradução em português do nome que os tupis-guaranis ancestrais deram ao santuário ambiental onde moravam: Arembepe.

A Bahia mitológica dos anos 70 já havia mostrado sua cara e magia nas histórias de Jorge Amado e nas músicas de Caymmi, internacionalizadas pela voz de Carmen Miranda, uma a duas décadas antes de João Gilberto e da viração tropicalista que os sucederam. Em pouco tempo, a Cidade da Bahia tornou-se umbigo do mundo, a África do lado de cá. Sim, no fim dos anos 60 e na década de 70, Salvador era o cadinho onde tudo se misturava, a síntese entre o Ocidente e o Oriente. A cultura de raiz pujante e pluralista deixou-se fertilizar pelo húmus da vanguarda, ou foi o contrário?

Fato é que por aqui circulavam os figurões da artistagem nacional, quando a contracultura sentou praça. E logo chegaram as novas tribos que pulavam fora da quadratura do Sistema. Todo o mundo queria vir para a Bahia, de mochileiros a pop stars. As festas de largo enchiam o verão de repiques sensuais e vibrações telúricas e o auge acontecia no carnaval épico da Praça Castro Alves. O movimento Tropicália virou de ponta-cabeça as convenções mofadas e arejou a arte tradicionalista, em plenos anos de chumbo da repressão. E a roda girou: Caetano Veloso e Gilberto Gil desembarcaram do exílio, o cinema novo de Glauber entrou nas telas do mundo, o carnaval saiu dos clubes para ruas e praças, atiçadas pelos concertos pop-profanos daquelas naves delirantes que arrastavam as multidões. Enquanto o trio elétrico era o pódio de Armandinho, Dodô e Osmar e os Novos Baianos (Moraes Moreira colocou voz no trio e deu outra dimensão ao carnaval), os Filhos de Gandhi tingiam com a cor da paz o ecletismo das ruas onde o Ilê Aiyê e o Olodum desfilavam a beleza tribal da africanidade. O espírito festeiro e acolhedor dos baianos era puro magnetismo naquela época de portas abertas.

A pouco mais de uma hora de distância da praça do poeta e do povo, uma estrada recém-aberta colocava ao alcance o Paraíso na Terra, envolvente em sua beleza e carregado de vibrações astrais. O solo sagrado de Arembepe e da Aldeia Hippie era a bola da vez, um prato cheio para o levante pacifista e transgressivo que tomava conta do planeta.

Este livro, escrito a seis mãos, busca resgatar aquele tempo. A proposta é contar, para quem nasceu depois ou para os que por aqui estavam e perderam os melhores momentos, as boas histórias de personagens que fizeram Arembepe ser o que é. Alguns capítulos são assinados porque o autor protagonizou parte da narrativa. Outros capítulos contam com a participação de testemunhas oculares da história, que adicionaram detalhes e opiniões sobre o que foi escrito quando os autores publicaram o texto na rede social para recolher informações. *Arembepe – Aldeia do mundo* resgata a beleza de seu tempo por meio de desenhos feitos nos anos 1970 pelo publicitário e designer John Chien Lee. John é protagonista do capítulo 15, que fala sobre sua trajetória. É um luxo e uma alegria contar com a participação dele e de sua obra. Assim como é um privilégio ter uma imagem do fotógrafo Vicente Sampaio, outro personagem do livro, para ilustrar a capa.

PARTE 1
O PARAÍSO É AQUI

ALDEIA DO MUNDO

A atriz e modelo internacional Vera Valdez, que morou na Arembepe dos anos mitológicos, onde circulavam *outsiders*, mochileiros, artistas de vanguarda e pirados do planeta em busca da nova ordem, garante que "o que estava acontecendo em Londres e em Nova York estava acontecendo em Arembepe". O sentimento de liberdade e ligação com a natureza apoderava-se de quem caminhava no santuário ambiental formado pelas dunas, lagoas, coqueirais, o mar e o Rio Caratingui, também chamado de Capivara. Entre o fim dos anos 60 e o início dos 70, a Aldeia Hippie era um dos três a quatro destinos globais onde se podia curtir energias telúricas e vivência tribal em um ambiente paradisíaco.

O espírito da aldeia habitava a área desde os tempos dos tupis-guaranis. Atraídas pelas belezas ambientais e pela vibração astral, as novas tribos que lá chegaram em busca do jardim utópico e da expansão da consciência, identificaram-se facilmente com os valores dos indígenas: a comunhão com a natureza, a liberdade, a igualdade, a vida em comunidade.

> Em Goa, cruzamos com uma canadense que, falando em lugares lindos, citou Goa, Machu Picchu, no Peru, e "um lugar fantástico que vocês não podem deixar de conhecer no Brasil que é Arembepe". Ela não imaginava que fôssemos brasileiras, muito menos vindas da Bahia. (*Arlete Soares, em seu livro* Caminhos da Índia, *que fala da viagem que fez nos anos 70*)[1]

---

[1] Soares, Arlete. *Caminhos da Índia*. Salvador: Editora Corrupio, 1991.

O *performer* e escritor argentino Fernando Noy[2] descreve com palavras inspiradas a sua ligação com a Aldeia Hippie e com a vila:

Arembepe é um adjetivo do espírito em êxtase absoluto, como um mantra que, agora, levamos na memória do prazer inesquecível. Às vezes regresso a Arembepe na memória, lembrando como agora, para comprovar que jamais podemos esquecer momentos tão marcantes, milagrosos e profanos, de alegrias e emoções compartilhadas para sempre. Curtíamos os prazeres do corpo e da alma, sem limitações. Ali estavam duas filas de palhoças e algumas poucas casas maiores. Entre o povoado e a aldeia havia, lógico, permanente contato. Podíamos ir caminhando pela beira-mar ou pelos morros de areia, chegávamos em menos de meia hora. As compras eram feitas no único armazém, o de Dona Deja, que vendia coisas indispensáveis – desde café, cerveja, tabaco, pinga, dendê, sal e arroz até batatas do reino. Se a gente quisesse outras delícias, tínhamos que viajar até Salvador para comprar com o adorável Lula, do restaurante Grão de Arroz. Voltávamos como reis mágicos, com as mochilas cheias de missô, soja, arroz integral, chás e figos para nossos banquetes macrobióticos.

O fotógrafo Vicente Sampaio foi outro que se deslumbrou à primeira vista ao chegar em Arembepe, no verão de 1973.

Aquele skyline das dunas com coqueiros e cabanas separadas da estrada por lagoas largas e extensas e, lá no fundo, o mar verde infinito me cativaram de imediato. Senti de cara que ali era outro mundo. Fiquei extasiado e percorri a vila toda, onde, nas bucólicas ruelas de casinhas simples, os pacíficos locais conviviam na boa com o povo de "calças vermelhas e casacos de general, cheios de anéis". Quase todos com espelhinhos bordados pela roupa, era preciso refletir a bad vibration, já que o climão era amor da cabeça aos pés, figuras exóticas do mundo todo. Nos recifes que protegiam o ancoradouro, as ondas que-

---

2 A entrevista de Fernando Noy integra o o livro *Aldeia Hippie de Arembepe*, organizado por Paulo Miguez e Gringo Cardia para a Prefeitura de Camaçari. Impresso em 2019, não havia sido lançado à época da elaboração de *Arembepe - Aldeia do mundo*.

bravam estrepitosamente nas pedras, lançando picos líquidos a mais de dez metros de altura. A aventura estava apenas começando[3].

O designer paulista John Chien Lee trocou os confortos e realizações de publicitário de sucesso em Sampa pelo bucolismo existencial de Arembepe, no início dos anos 70, onde produziu uma belíssima série de ilustrações sobre o ambiente e as figuras humanas da aldeia e da vila – algumas delas estão neste livro. Além do aguçado virtuosismo no bico de pena, Chien revela pendor para as letras na sua descrição[4]:

A aldeia era um verdadeiro paraíso, com aquelas pessoas lindas, coloridas, alegres e livres. A vila dos nativos era uma sociedade primitiva e pura, com os saveiros e seus pescadores, autênticos heróis. Suas mulheres negras, fortes, mães e autênticas guerreiras levavam metade do mundo nas costas.

Arembepe tinha (com certeza ainda tem) uma onda, eu diria, telúrica, e isso deve ser a causa de atrair tanta gente especial e fora do comum. Cada uma delas que tive a oportunidade de conhecer me marcou e me ensinou alguma coisa importante – e me refiro a gente das mais variadas personalidades e formas de ser, especialmente mulheres, que me deixaram verdadeiros regalos em forma de amor e amizade. Jamais esquecerei toda a generosidade recebida dessas pessoas.

Em 1962, uns poucos anos antes da chegada dos hippies e dos astros famosos da música e do cinema, Arembepe era visitada por um grupo de universitários americanos, entre eles Conrad Kottak, que fez na vila o seu estágio de campo para graduar-se pela Universidade de Colúmbia, em Nova York. Ele retornou 16 vezes para realizar atualizações do trabalho, base do seu doutorado e tema do livro *Assault on paradise*[5], que se tornou referência internacional em antropologia e permanece ignorado na Bahia. A objetividade acadêmica do jovem Conrad sucumbiu à visão do paraíso, descrita nas páginas iniciais do seu livro:

---

3 Idem.
4 Ibidem.
5 Kottack, Conrad Pillip. *Assault on paradise: the globalization of a little community in Brazil*. Illinois (USA): Waveland Press, 2018.

Arembepe valia a viagem. Não consigo imaginar um lugar com tanta beleza. A vila se estendia ao longo de uma estreita faixa de terra (menos que um quilômetro) entre o oceano e as lagoas. Era mais espetacular do que qualquer ilha dos Mares do Sul que visitei depois. As casas de Arembepe – brilhantemente pintadas em tons de azul, rosa, púrpura e laranja – ficavam embaixo das altas palmas dos coqueiros. Para o leste, extensões planas, praias de areia branca e áreas propícias à natação alternavam-se com formações de pedras irregulares e as ondas agitadas do Atlântico. Em um dia ensolarado de agosto, Arembepe estava viva em cores: o matiz verde azulado do oceano e das lagoas, o vermelho alaranjado dos tijolos e das telhas, o verde das palmas dos coqueiros e o branco da areia. Barcos de pesca coloridos ancorados nas tardes e nos domingos no porto, a leste da praça central e da pequena igreja católica. A enseada é configurada por uma linha de recifes ásperos e parcialmente submersos. A cada manhã, os barcos eram remados através dos canais estreitos, até elevarem as suas velas branqueadas pelo sol para pegarem o rumo[6].

O sentimento de liberdade e o despojamento se traduziam nas atitudes, nos costumes e em uma política de corpo aberta ao naturismo e ao hedonismo. Entrevistadora do Censo de 1970, Ana Ornelas sabia o que ia ter pela frente ao chegar na aldeia, e não se constrangeu com a nudez de gente que respondia aos questionários.

O carisma libertário e ambiental fazia a fama de Arembepe e representou, para jovens sequiosos de respirar os novos ventos que sopravam nas janelas, o portal de batismo, de conversão. Transposto, permitiu-lhes vivenciar na vila e na aldeia a primeira e desafiadora peregrinação fora do *establishment*, um mundo utópico que se fazia realidade.

A vila de pescadores era pouco mais do que um casario primitivo de pescadores, com duas praças sombreadas por amendoeiras e coqueiros, uma pequena igreja, barcos de pesca coloridos protegi-

---

6 Kottak, 2018, pg. 6..

dos pelo cinturão raso de recifes, a sede da colônia de pesca onde se vendia peixes e mariscos, umas poucas bodegas e restaurantes, pousadas improvisadas e uma fileira de palhoças ao norte, rentes à borda da praia. Saí por ali em direção à aldeia, ladeei as lagoas rasas aos pés do "camaleão" de dunas de areia alva, chapinhando na água morna. Ergui os olhos e contemplei as copas dos coqueiros agitadas pelo vento, pareciam passar mensagens que não levei em conta, deixei para pensar naquilo mais tarde, senti que a onda começava a bater nas bordas da consciência. Alcancei a aldeia, percorri o arruamento de cabanas de palha e madeira e segui a passos firmes até o Rio Capivara, onde me joguei de roupa e tudo, impelido por impulso irrevogável, ansiando por um segundo batismo que me recolocasse no eixo do mundo.

Emergi sôfrego do mergulho, ativado pelo choque térmico da água fresca. Respirei o oxigênio abstrato e observei a superfície do rio que deslizava em curvas, como uma serpente líquida. Os reflexos do sol começavam a ganhar o tom dourado do meio para o fim da tarde, encrespando-se como escamas de luz nas ondulações da água em movimento. Senti-me atraído pelo mosaico de formas mutantes e sensações que escapuliam da vontade e formavam o mundo externo à gaiola do ego. O próprio céu, encurvado como uma paisagem em lente olho de peixe, queria me engolir. Daí, num ato brusco e impensado, pulei para fora de mim mesmo e me soltei na plenitude daquele espaço aberto e indivisível! [...] Voltei à praça gotejando, sentei em um banco troncho na palhoça-bar e pedi uma branquinha para levantar a onda. Na tabuleta, o nome tinha tudo a ver: Cuca Fresca. (Lula Afonso, trecho do livro Transbordos[7]).

---

7 O livro *Transbordos*, de Luiz Afonso Costa, estava quase pronto para publicação, quando sobreveio o surto pandêmico da Covid-19, em março de 2020. O lançamento se dará em 2022.

> Uma mulher jovem falou como desistiu da carreira que iniciara no Rio, depois de formar-se, para viver uma "vida mais pura" longe da cidade. Aquela era a segunda visita dela a Arembepe. Estava convencida de que a civilização do mundo seria destruída por uma guerra nuclear dentro de três anos. Ela procurava um lugar comunitário seguro, a salvo da radiação, onde pudesse viver. *(Conrad Kottak[8])*

Dionísia Leal – Anos 70 em Arembepe. Iniciei minhas idas quando ainda não tinha energia elétrica. As festinhas eram feitas com radiola de pilha, e a água era retirada do poço no quintal da casa. Arembepe foi um marco na minha vida e da minha família. Minha mãe alugava todo ano casinhas bem simples para passarmos o verão. Íamos de ônibus com toda a tralha para aproveitarmos as férias. Durante o dia ficávamos na praia e à noite íamos para o cruzeiro, perto da igreja, para ver a lua e namorar. Luz nenhuma. Só lua e estrelas, e o corpo bronzeado. Num verão típico dos anos 70, passeava-se pelas dunas da Aldeia Hippie. Além da paisagem deslumbrante, a liberdade era vivida em plena ditadura militar. Lá buscava-se paz e amor, assim como eu!

Reinhard Lackinger – Lembro que eram tempos ainda sem energia elétrica... Havia um velho pescador, o Seu Tomé. Eu saía para pescar olho de boi com os filhos dele, Antonio e Cabeça.

---

8 Kottak, 2018, pg. 110.

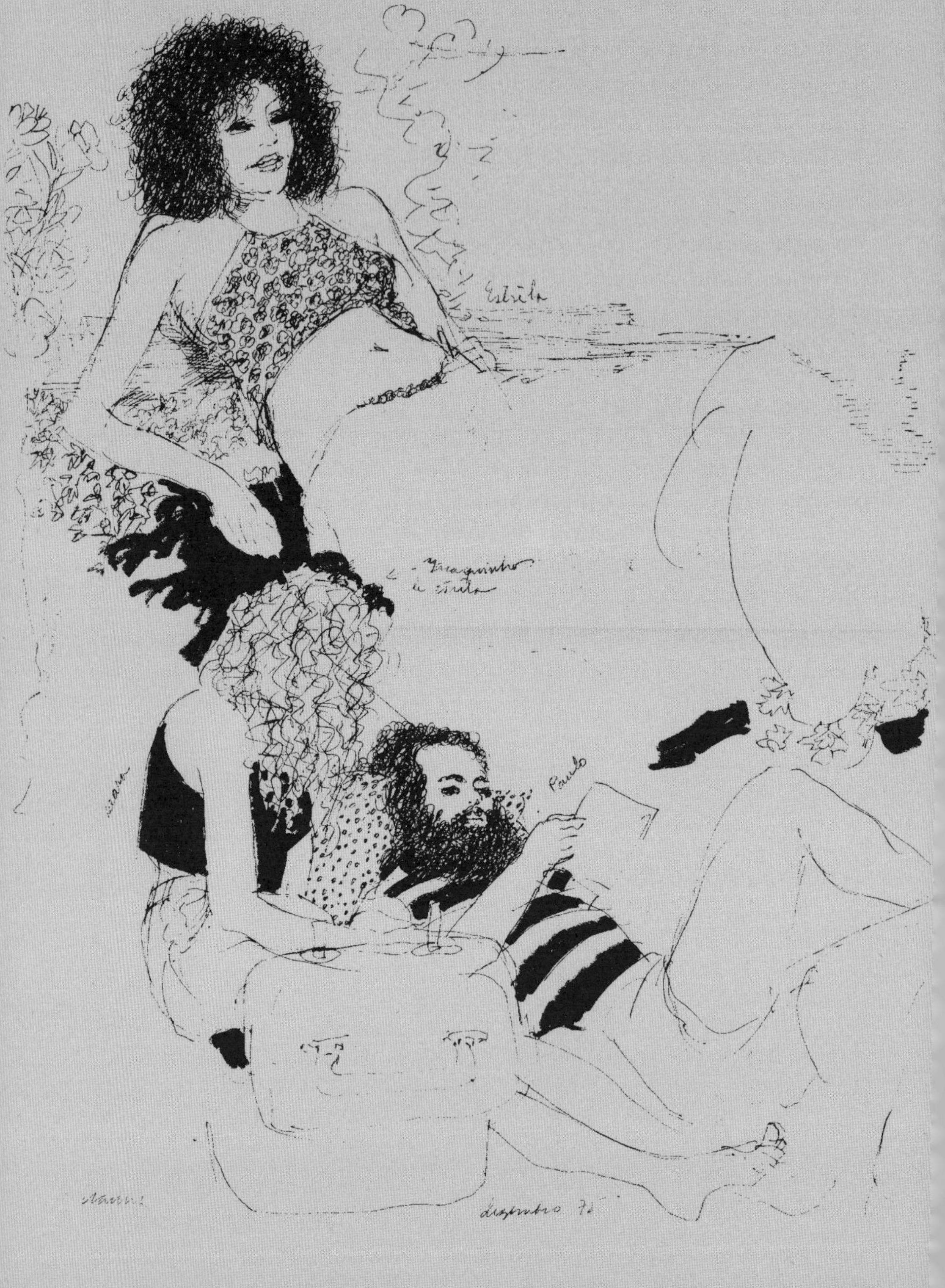
Estrela
Paulo
dezembro 75

A CASA DO SOL NASCENTE

A assim chamada Casa do Sol Nascente era o abrigo seguro de quem chegava em Arembepe e não tinha onde ficar, embora muita gente dormisse ao ar livre, debaixo dos coqueiros, como disse em entrevista a espanhola Camino Mazzano, que passava a noite ao abrigo das estrelas antes de se mudar para a casa de Cândido de Alencar. Fernando Noy define-a como casa abandonada na aparência, mas sempre refúgio de hippies e viajantes do mundo inteiro. Uma catedral com as portas abertas e o coração sem cadeado.

Não encontramos fotos da casa, mas sua história foi desvendada pelo produtor cultural Silvio Palmeira no livro *Anos 70 Bahia*[9]. Silvio esclarece que a casa pertencia a Reinaldo Ivo Fernandes e sua esposa, Dona Dedé, que a construiu para descanso seu e dos familiares. Era dono da fábrica de ralar coco, o Rale Raf, e foi um dos primeiros veranistas de Arembepe. Em 1967, ele emprestou a casa a Juca Rebele, o cara que achou um navio naufragado na Pituba e que passou por lá uma boa temporada; por pressão da Marinha, teve que sair da casa, que estava em área onde não se podia construir. Na sequência, já abandonada para ser derrubada, a casa foi ocupada por uns gringos, que, propagou-se na época, seriam "o roqueiro Mick Jagger, acompanhado da mulher, Marianne Faithfull, e a troupe de apoio". A informação não batia com a realidade, como se verá adiante. Mick visitou, sim, Arembepe e cercanias, mas a sua base era uma casa que alugou em Itapuã. Como as coisas no Brasil demoram, a casa ficou de pé e começou a servir de abrigo aos que chegavam, sendo conhecida pelo nome de Casa do Sol Nascente, virando lenda.

---

9   Afonso, Luiz e Siqueira, Sérgio. *Anos 70 Bahia*. Salvador: Editora Corrupio, 2017.

No livro *Anos 70 Bahia*, Fernando Noy fala sobre a meteórica passagem de Janis Joplin por Arembepe, levada por Judy Spencer:

Janis foi para a Casa do Sol, que ficava a uns cem metros depois da Aldeia Hippie, ocupada certa feita pelos deuses Stones. Eu não vi a Janis, senão em trips. A Casa do Sol ficou abandonada e era o hotel dos hippies babilônicos de todo o mundo, entre os quais eu me contava. Ali morei com Manu, Tony Maravilha e outros personagens inesquecíveis. Manu, extraordinário desenhista, fez vestuários para tantos artistas, especialmente para os Doces Bárbaros. Cada roupa ou acessório dele era uma joia sublime, realizada com búzios, plumas, tudo natural e um pano de sacas de farinha que ele tratava até deixar como seda. Na Casa do Sol, entre os milhões de grafites, estava o nome de Janis escrito em rouge, uma espécie de assinatura que bem poderia ter sido brincadeira – ou um real autógrafo dela.

> Entre a ponta do coqueiral e a aldeia, havia um casarão grande, de alvenaria, onde todo mundo que chegava ficava morando. Esse casarão, que hospedou muita gente, era a Casa do Sol. Pertencia a um historiador baiano. O filho dele foi morar em Pirenópolis e começou a frequentar minha pizzaria lá. Conversando, ele me falou que era baiano e, quando soube que eu morei na Bahia, me perguntou onde. Quando disse Arembepe, ele me perguntou se eu conheci a aldeia e eu disse que sim. Então, me falou que o pai dele era dono da Casa do Sol, que foi abandonada nas dunas, e que muita gente tinha passado por lá, inclusive Janis Joplin e Mick Jagger. *(Zé Luiz, morador de Arembepe entre 1972 e 1975)*

No livro *Aldeia Hippie de Arembepe*, Noy retoma o tema:

A mitológica Casa do Sol Nascente ficava na parte alta de uma ladeira, de frente para o rio. A primeira vez que nela entrei foi com um namorado chileno. Passamos uma noite de prazeres e ele ficou um tempo morando nela. Era uma enorme sala e outra menor. Eu fiquei comovido ao saber que Mick Jagger havia passado por ela.

A Casa do Sol era refúgio dos malucos geniais. Se não ficaram fotos, acho que é como um sonho, que a gente nunca poderia fotografar, mas estava ali, no meio da maravilha daquele tempo, como uma pirâmide egípcia, abandonada somente em aparência, pois nos dava refúgio e uma felicidade impossível de explicar com palavras. A poesia feita realidade, sem ponto final.[10]

A verdade crua sobre a controvertida estadia de Mick Jagger na Casa merece capítulo à parte, mais adiante, assinado por Claudia Giudice, uma das autoras deste livro. O título diz mais ou menos tudo: "Mick Jagger veraneando em Arembepe: minha primeira fake news". O fato é que, depois de ver prosperar, além da conta, a fake news que lançara a respeito da foto famosa de Adger W. Cowans, em que aparece Mick tocando violão na varanda de uma casa de praia, ao lado da mulher Marianne Faithfull (tendo nos braços o bebê dela e de Mick) e de alguns nativos, Claudia, fiel aos princípios do jornalismo, foi à luta para restabelecer a veracidade dos fatos. Para conhecer o desfecho, pule até a página 103.

Na sua primeira viagem à aldeia, no início dos anos 70, outro autor deste livro, Luiz Afonso Costa, dormiu três ou quatro noites na Casa do Sol e ali conviveu com hippies de variados rincões, a maior parte jovens de classe média foragidos das obrigações escolares e do estresse urbano. Alguns recebiam mesadas dos pais ou ganhavam dinheiro com o artesanato de pulseirinhas, roupas alternativas e adereços, que vendiam na aldeia, na vila e em Salvador. Outros lançavam mão da criatividade e do espírito comunitário – e da benevolência de nativos e de turistas – para descolar a grana do querosene, sabão, fósforos, cigarros, um vinhozinho de garrafão, peixe, raízes, o arroz e feijão do rango cotidiano.

---

10 Ver nota 2.

No livro que escreveu meio século depois, *Transbordos*[11], o hóspede acidental descreve a Casa do Sol como a única edificação de alvenaria na área:

Tinha a porta de tábuas marcada com entalhes e assinaturas, frases, desenhos e signos cabalísticos de gente de todos os tipos que por lá passou, gente que rodou o mundo e fez a época, como a cantora Janis Joplin e o Stone Mick Jagger[12], *os atores Jack Nicholson, Dennis Hopper e Richard Gere, o cineasta Roman Polanski, uma constelação de músicos brasileiros como Rita Lee, Ney Matogrosso, Tim Maia, Luiz Melodia, Jorge Mautner, Walter Smetak, Novos Baianos, Gal Costa, Gilberto Gil e os tropicalistas de elevado quilate que revolveram a cultura do país e encontraram na aldeia um poço de fervida inspiração, em meio a um ecossistema mirífico e pouco mexido pelos humanos.*

Fred Matos – Eu morei na aldeia, não tenho certeza do ano, acho que em 1971. Meus anos mais loucos. Eram poucas casas de taipa na beira do riacho e uma maior sobre a duna, a única com vista para o mar, chamada de Casa do Sol Nascente. Se eu não estou enganado (e posso estar, porque eu tomava LSD e vivia viajando), quem morava na casa era um irmão de Joacy Góes, que conhecíamos por Tuaregue. Todos os dias eu caminhava até Arembepe pra filar a boia na casa de Soninha Dias, onde conheci Pinky Wainer, a única namorada famosa que tive. Mas esse comentário já vai longo demais.

Vicente Sampaio – Lembro de uma matéria bem na época, na incrível e extinta revista *Bondinho*, sobre a Casa do Sol Nascente – publicaram inclusive uma foto dela. Quem sabe, nosso amigo Polé Lafer de Jesus, que trabalhou lá, pode nos dar uma luz para encontrar a dita cuja?

---

11 Ver nota 7.
12 Ao escrever o livro, Lula Afonso desconhecia o teor lendário de boatos que circulavam sobre os Rolling Stones na Casa do Sol. Na página 77 do livro *Naquele tempo em Arembepe*, o autor Beto Hoisel relata a passagem de Mick Jagger e sua troupe na Casa. A elucidação recente de Claudia Giudice torna veraz a versão de que Mick alugou uma casa em Itapuã na época, e fez visitas à Casa do Sol.

DISCOS VOADORES

Tão normal quanto banhar-se pelado no Rio Capivara, ver discos voadores fazia parte do cotidiano na Aldeia Hippie, ou pelo menos assim se dizia. A musa Sandete Ferrão, o jornalista José Simão, a espanhola Camino Mazzano, o mineiro Cândido de Alencar, a escritora e ativista cultural Aninha Franco, o escritor José de Jesus Barreto e muitos outros comparecem com depoimentos marcados pela emoção ante a miração das luzes deslumbrantes que irrompiam no céu e mudavam rapidamente de direção, por vezes estacionando no ar. Em certas ocasiões, as vibrações dos engenhos interromperam motores de carros. A aparição dos discos voadores marcou as retinas e a memória dos privilegiados que os contemplaram, provocando sentimentos de êxtase, medo e elevação.

Sandete Ferrão pontua: "O dia mais inesquecível foi quando vi um disco voador. Certeza!!! Eu estava vindo de Arembepe para a aldeia. Tinha ido na Tia Deja buscar querosene. Era fim do dia, bem na hora do pôr do sol. Até hoje não consigo definir aquela luz, de tão forte e bonita. Ela entrou dentro de uma casa, perto da aldeia. Eu estava sozinha e ela, a luz, dançava para mim. Juro que não tinha usado nada. Nem maconha, nem ácido. Foi minha experiência inesquecível".

Vera Valdez diz com todas as letras que "em Arembepe todo mundo via disco voador, até eu, porra!". O jornalista José Simão, ao que parece, não viu os discos ao vivo, mas relata que "aconteciam muitas histórias. Tinha a turma que via disco voador e dizia que os coqueiros tinham uma marcação roxa no meio do seu tronco por causa da energia que as naves emitiam". Essa história de Simão, assim como a de Sandete, serão contadas mais adiante.

Ninguém duvidava de que Cândido de Alencar fazia contato com extraterrestres. Camino Mazzano também viu e confirma o relato de Cândido: "Naquela casa branquinha, caiada, descobri na parede uns discos. Então eu falei para Cândido: 'Rapaz, você tem uns discos na parede, eles são brancos, mas eu vi". Ele falou para mim: 'Você viu mesmo!'. Desde pequena, eu gostava de discos voadores, e então Cândido me falou de um pessoal em Brasília, do general Uchôa e da fazenda de Alexandre, perguntando se eu queria ir. Eu respondi: 'Claro que eu vou!'. Não conhecia ninguém e estava no Brasil experimentando".

Joildo Góes, o Tuareg, atiçou o imaginário de muita gente com o relato cru do avistamento de discos voadores na orla de Salvador e em Arembepe. Provocado, Joildo não negou fogo e conta o que viu:

Eu, Mario Lorenzo e Norival saímos de uma boate nos Aflitos e seguimos com destino a Amaralina pela orla, onde deixaria Norival e depois seguiria via Brotas, onde deixaria Lorenzo. Logo depois do quartel, avistamos uma luz arredondada, ladeada por dois anéis azul-diamante, lindíssima. Mario ficou com medo e não quis saltar do carro, acompanhou-nos até o Largo de Amaralina, onde encontramos umas 50 pessoas aglomeradas, todos boquiabertos ante o espetáculo! Paramos o carro, saltamos e ficamos a admirar aquela luz maravilhosa no céu. Depois de uns dez minutos, o objeto continuava no lugar, e chegou Saback, um amigo que morava na ladeira do Acupe, muito ligado em armas de fogo. Ele ficou louco com o que viu, sacou uma pistola e apontou em direção à luz, estacionada a uns 600 metros da superfície, e detonou! A reação veio no segundo tiro: a luz deu um giro para a esquerda e ele continuou metendo bala, no total foram seis tiros, até que a luz desapareceu em direção ao mar. Todos em estado de choque, impressionante! Daí que a notícia correu rápido e a Rádio Sociedade nos convidou a narrar o ocorrido. Foi um sucesso da porra! Voltamos com muitos amigos para rever o fenômeno e seguimos até o aeroporto. Salvador estava com pouco tráfego na orla, era outra cidade, quantas saudades! Paramos o carro antes do aeroporto e caminhamos mansamente até o muro da Aeronáu-

tica. No que estávamos lá, admirando aquele espetáculo, chegaram três soldados e nos levaram à sede do comando, para explicarmos o porquê de tanta gente. Esclareci tudo e convenci um oficial (acho que major), que determinou a saída de um avião médio para ver aquilo de perto, no céu. Vimos a decolagem e a aproximação do avião à luz. Ela voltou a desaparecer. Daí o major nos liberou, pegou o carro dele e se picou para casa, assim como eu e uma porrada de amigos! Não demorou muito tempo e rolou de novo a estrela luzente em Arembepe, em 1971, anunciando que a Nova Era estava a caminho! A era do amor, das auras, dos milagres e da criação, modelando donzelas, lagos, uvas, flores, crianças e cisnes![13]

Outro avistamento foi o de Guilardo Farias, que, por longo tempo, optou por manter-se discreto sobre o ocorrido para prevenir o descrédito tradicional dos céticos de plantão. Ao ponto de seu relato ter saído com o pseudônimo Godofredo Farias, na página 192 do livro *Anos 70 Bahia*. Nas palavras de Guilardo:

Fomos passar o feriado em Arembepe. Não existia ainda a Estrada do Coco. Na Rural Willys de meu pai lotada, estavam a minha namorada, uma irmã dela com o marido e dois filhos pequenos e ainda a irmã caçula, chamada Alice Maria, além de uma vizinha com os três filhos pequenos. O acesso à estrada Aeroporto-Arembepe era pelo bambuzal do aeroporto, e o chão até lá, todo de barro. Passamos o dia desfrutando daquela maravilha que era Arembepe à época, num belo dia de verão. De tardinha, quando voltávamos, sol já se pondo, ele apareceu. O primeiro a avistá-lo foi Ion, sobrinho da minha namorada. Mostrou ao pai, que mostrou à mãe e, logo, todos no carro avistaram o disco voador. O pânico tomou conta de todos: uns gritavam, as crianças choravam, mas eu me mantive calmo. O objeto mudava de posição a todo instante, sempre seguindo o carro. Tive medo quando a Rural interrompeu o motor. Arnon, pai de Ion, afirmou que fora interferência do OVNI. Todos gritaram mais ainda. A namorada se agarrou em meu pescoço, deixando-me com torcicolo. Eu pedi calma a todos. Tentei ligar o motor, conseguindo depois de

---

13 Transcrito do livro *Transbordos*, de Luiz Afonso Costa.

quatro tentativas. Acelerei o mais que pude naquela estrada de chão, mas o objeto continuava a nos seguir, só desaparecendo já perto de Ipitanga. Foi um alívio. Ele era muito iluminado e tinha a forma de um prato fundo, emborcado. Quando chegamos na casa da namorada, em Brotas, todos estavam ainda apavorados. Não sei como, logo depois apareceu a reportagem do Jornal da Bahia, *comandada pelo então jovem repórter Gustavo Tapioca, com sua noiva Pininho Falcão, para nos entrevistar. No dia seguinte, o* JB *estampou em manchete de primeira página: DISCO VOADOR ASSOMBRA FAMÍLIA BAIANA. A reportagem narrou todos os fatos e informou que outras pessoas naquela área do litoral ficaram também assustadas com a visita de ETs. Esses foram os fatos reais. Na época, mantive-me discreto para evitar que me chamassem de louco. O então repórter Gustavo Tapioca, hoje morando em Brasília, pode confirmar tudo.*

O paulista Zé Luiz, morador da Casa dos Discos Voadores, na vila, conta em dois episódios por que aquele nome da casa não foi dado à toa. O primeiro aconteceu depois das prisões em massa dos hippies, quando a situação voltou ao normal.

Cândido nos convidou – eu, Paulo Montoro, Johni e Tonico – para irmos à casa de um rapaz em Salvador, no bairro da Graça, que queria bater um papo com a gente sobre acontecimentos que estavam por vir. Ele nos recebeu muito bem e se pôs a falar sobre discos voadores, fez uma dissertação. Na hora de irmos embora (o ônibus para Arembepe tinha horário), saindo do apartamento e com a porta do elevador aberta, ele falou que tinha recebido uma mensagem, que íamos ter uma surpresa. Chegamos em Arembepe, cada um foi à sua casa e depois fomos para onde se tomava banho, o Sucuruiú, aonde todo mundo ia depois do baba e havia muita gente, hippies, nativos, estrangeiros. Estava aquele pôr do sol, com nuvens no céu, e de repente um nativo gritou: "Olha lá!". Era um objeto no céu do tamanho de um CD, que foi crescendo, crescendo, crescendo até ficar do tamanho de um Volkswagen e passar sobre a cabeça de todo mundo. Foi uma loucura! Toda Arembepe viu, foi o primeiro disco voador que todo mundo viu.

O outro episódio narrado por Zé Luiz traz à cena a calamitosa e até hoje mal explicada implantação da Tibrás no centro de um santuário ecológico com indiscutível vocação para o turismo, moradia e entretenimento. Com notório grau de toxicidade dos rejeitos da fabricação de dióxido de titânio, a indústria fora barrada em outras locações antes de ser cravada, como uma estaca maligna, no coração de uma faixa privilegiada do litoral norte de Salvador.

O pessoal diz que parte das aparições de discos voadores em Arembepe se deu por causa do titânio: a Tibrás, que trabalhava com isso, ficava perto da vila. O povo falava que para chegar ao paraíso você tinha que passar pelo inferno: a Tibrás era o inferno, e Arembepe, o paraíso. Cândido me lembrou desta história: recebemos um convite de Dona Duê para ir visitar a família dela e participar de uma reza, numa cidade próxima, Barra do Jacuípe. Saímos andando de madrugada de Arembepe, tipo cinco horas da manhã, e ficamos por lá, participamos e chegamos de volta já anoitecendo. Cândido foi para casa, e eu, quando ia pra minha, um nativo muito agitado me levou por um daqueles becos que dão para a praia e apontou para o céu: "Olhe pra lá!". Eram oito pontos luminosos fazendo zigue-zague, soltando cores. Fui chamar Cândido e os outros e ficamos horas observando, foi um espetáculo, cada um de uma cor, eram muitas cores. Até falaram que era porque a gente tomava ácido, mas nada disso, todas as vezes que vimos estávamos caretas. Nesse dia passamos a manhã rezando com a família de Dona Duê. Foi um momento marcante.

Aninha Franco – Eu, Rita Assemany e Carmen Paternostro vimos claramente em Itacimirim. Tinha o formato de um zepelin, branco, enorme, silencioso e desapareceu com rapidez.

José de Jesus Barreto – Em uma dessas visitas eu vi nos céus de Salvador, com os olhos que essa terra há de comer. Nos anos 70, os ETs andaram muito por aqui.

Charles Pereira – Em Arembepe, víamos discos voadores passeando entre as estrelas. E os ETs, éramos nós!

Fundo de minha casa

ACM E OS HIPPIES NO PODER

Paulo Montoro, filho do ex-governador e senador Franco Montoro, de São Paulo, morou uma temporada em Arembepe. Quem o conheceu diz que ele nunca perdeu a elegância, mesmo com as calças largas de algodão que se usava naquela época hippie. Paulo era arquiteto, trabalhava com barro e tinha o dom de pegar a terra sem graça e disforme e torná-la exuberante. Era um entusiasta da técnica da taipa de pilão.

A ação de Paulo foi essencial num momento crucial para que continuassem morando em Arembepe os primeiros "de fora" que se encantaram com a vila e lá se instalaram. Entre eles, Missival, figura icônica que chegou com Paulo. Na casinha onde viviam, pintaram nas paredes umas naves espaciais hiper-realistas, que marcaram época e deram nome e fama à casa. Reza a tradição que os policiais não tinham paciência de dar batidas na Casa dos Discos Voadores, por acharem os moradores "doidos demais". Tempos depois, Missival montou a Pousada da Fazenda, onde vive até hoje.

Voltando ao tema: um delegado havia dado ordem para os forasteiros saírem de Arembepe em 24 horas. Quem conta essa história é Cândido de Alencar, parceiro de Paulo Montoro no acontecimento. Com a palavra, Cândido:

Depois de um certo tempo morando em Arembepe e de um convívio harmonioso e respeitoso com os nativos e antigos moradores, deu-se a chegada da segunda leva, em grande parte de estrangeiros, gente vindo dos grandes centros. Era inevitável o conflito: hábitos diferentes, consumo de drogas... Começavam então os problemas com os moradores. Uma antiga vila de pescadores que, de repente, tornou-se o centro das atenções. Era muita gente que chegava, usufruindo do lugar e nem sempre observando os cuidados com a convivência, alguns ao ponto de desrespeitar costumes locais. Causava tensão o excesso de liberdade de alguns forasteiros, que, em viagem, esqueciam que não podiam andar sem roupas em vias públicas. Tiravam cocos, sem considerar que a maioria dos coqueiros tinha dono.

Assim é que, passado um tempo, um dia de manhã cedo, nós, moradores vindos de fora, fomos acordados com uma intimação do delegado, através de um policial fardado, avisando que dispúnhamos de 24 horas para abandonar a vila. Ficou aquele clima, e nos reunimos: Paulo Montoro, Johni, Missival e eu. Não tínhamos advogado, ninguém para nos defender e morávamos num local sem eletricidade nem telefone. Difícil encontrar um caminho, uma solução, lembrando ainda que vivíamos em uma ditadura.

Conversa vai, conversa vem, aí veio a luz, acho que me foi enviada pelo Senhor do Bonfim: por que não procurar o senador Franco Montoro, o pai de Paulo? Ficou então combinado que eu, Paulo e Johni iríamos até a cidade procurar um telefone público para falar sobre o urgente tema com o senador Franco Montoro. Pegamos um ônibus, saltamos em Itapuã e Paulo ligou de um orelhão para o pai, contando a história. O senador ficou sensibilizado, e Paulo conta que ele falou:

— Isso não pode acontecer, vocês são brasileiros, residentes, trabalham... Faz uma coisa, procura o Carlos!

Ouvi, na hora, Paulo exclamar no orelhão:

— O Carlos?

— É, procura o Antônio Carlos, o governador, depois você me responde.

Ligamos então para o palácio do governo, e logo atendeu um secretário. O Paulo se apresentou como filho do senador Franco Montoro, pedindo uma audiência com o governador. O secretário perguntou para que dia, e Paulo perguntou se podia ser na manhã seguinte, às dez horas, sabendo que o prazo para sair da vila era até o fim daquele mesmo dia. Para nossa surpresa, o secretário disse "tudo bem".

No dia seguinte, acordamos cedo, nos banhamos e, claro, nos perfumamos e colocamos as melhores roupas, todas batas, daquelas indianas. Cada um com o cabelo maior do que o outro, pegamos o ônibus rumo ao palácio: eu, Paulo e Johni. Me lembro que, naquela época, o palácio ficava colado numa praça, junto do Elevador Lacerda.

Quando chegamos na portaria, os seguranças estranharam, ficou aquele clima. Paulo se apresentou, e um deles subiu as escadas. Quando desceu, já veio com aquela plaquinha com o nome cravado: Paulo Montoro. Deu a ordem para subir, e Paulo esclareceu que estávamos com ele. Subimos, então, os três, aquelas escadarias que davam no segundo andar. Aí foi muito engraçado: assim que entramos num salão cheio de gente, causamos um tremendo espanto, todos os olhares se dirigiram para nós. Nesse clima que se formou, Johni sussurrou:

— Vamos para a sacada!

Ficamos os três na sacada, que dava para a praça (vim a saber depois que era a Praça Municipal) e o elevador bem ao lado, olhando o movimento, quando então pintou um pequeno tumulto. As pessoas lá de baixo começaram a olhar pra gente. Alguém gritou e outros acompanharam o grito:

— Os hippies estão no poder! Os hippies estão no poder! Os hippies estão no poder!

A gritaria chamou a atenção e uma inquietação aconteceu no salão. O secretário logo apareceu, com cara assustada, e nos levou para uma sala separada. E depois de passarmos pela terceira e segunda salas, finalmente chegamos à primeira, quando um outro secretário apareceu.

Cinco minutos depois, surgiu o Antônio Carlos. Engraçado, eu não sabia que ele era baixinho. Via na televisão e parecia um homem alto, de quase dois metros, aquele coronel. Quando ele entrou, Paulo foi à frente e se apresentou como filho do senador, falou que a gente morava em Arembepe há mais de um ano, ele era arquiteto, tinha escritório, Johni também era arquiteto e eu, um artista *plástico com atelier, portanto, todos trabalhadores, que gostavam de Arembepe. E, completando, falou sobre a ordem do delegado pra abandonarmos a vila.*

Pintou um clima, Antônio Carlos olhou para o secretário, pediu para ele anotar nossos nomes e se retirou, falando que tinha outros compromissos. Mostramos nossos documentos, o secretário anotou tudo e voltamos.

Na vila, juntou gente, todo mundo na expectativa da nossa chegada. Sabiam da nossa conversa com o governador e estavam ansiosos sobre a decisão de sair ou não sair. Explicamos tudo, que o secretário havia anotado nossos nomes e tal.

Quase no fim da conversa, o delegado chegou. Caminhou até a gente, e falou:

– Recebi um telefonema... A ordem que dei está suspensa... até segunda ordem!

Desse dia em diante, não nos incomodaram mais.

Quando Paulo Montoro morreu, a sobrinha dele postou uma bonita homenagem:

"Esse tio era danado de especial.

Qual deles largaria a comodidade de uma casa no Jardim Paulistano para morar numa aldeia hippie em Arembepe?

E qual ensinaria a gente a ver a beleza dos detalhes, do material usado em cada construção? Na parede, na janela, no teto?

Só poderia ser ele.

Me ensinou tanta coisa sem eu perceber..."

Paulino Sueo Fukunaga – História verdadeira. Conheci Paulinho Montoro quando estudava Arquitetura na Universidade Mackenzie. Segundo relato posterior do próprio Paulo Montoro, ACM ligou imediatamente para o senador Franco Montoro e disse que eles (o grupo) não seriam importunados aqui na Bahia. Aí já foi Toninho Ternura!!! Rsrsrs...

Sylvia Motta – Hahaha, os três meus amigos! Bons tempos de Arembepe! Bateu saudades! As praias eram todas selvagens, só moravam nativos! A Bahia na sua essência! Que delícia! Essa essência não pode ser perdida, é a alma da Bahia! Fiquei até emocionada! (Faz parte da minha reserva de felicidade).

Leila Midlej – Estava eu com minha turma no banho de rio próximo à aldeia, juntamente com alguns nativos, quando chegou um grupo de hippies estrangeiros e placidamente se despiu completamente para entrar na água. Um nativo quebrou o silêncio cantando alto modinha da época: "Deixa a vida de Quelé, lalaô, lalaô".

João Carlos Rodrigues – Ele mandou soltar dois cariocas que tinham sido presos em Itapuã por aquele delegado Juvenal com meio quilo de maconha ("plantados" por ordem dele). O delegado queria envolvê-los na guerrilha do Lamarca. ACM, que sabia que não eram, mandou expulsá-los da Bahia, livrando-os da tortura nas mãos do Exército. Essa história estará num conto do meu próximo livro, *Paraísos artificialíssimos*. E mais não digo.

Fátima Viana – Era muito louco realmente... Estávamos certa vez em Vardemá, até umas três da manhã, saímos e resolvemos dar um passeio: fomos até Arembepe, paramos próximo a um acampamento hippie, eles estavam acabando de acordar e indo se lavar no mar, todos nus.

Gilson Xavier Matos – Lembro que, nesta época, minha família morava na Boa Vista de Brotas, e o movimento de contracultura tinha um núcleo por lá, com filhos de gente importante – deputados, desembargadores, médicos, banqueiros, altos funcionários públicos. A gente se reunia diariamente para conversas divertidas e fumar uns baseados. Com certa frequência passava por lá Joildo Tuareg com os Novos Baianos. Só dava pra perceber pelo Alfa Romeu e a quantidade de cabelos encaracolados dentro do carro.

Maconha não faltava, o que nos distanciava dos que usavam e abusavam das bebidas alcoólicas. Na ocasião, rolava o lema "loucura para todos", liderado por João Loureiro. Fizemos um pré-festival em Arembepe: cantávamos à noite, dormíamos em ambiente público ou em cabanas improvisadas de palha, nos alimentávamos de coco, cocada, sardinha com café, leite e pão. Já nos havíamos adaptado aos costumes hippies, como indumentárias, cabelos longos despenteados, ou mesmo andávamos seminus.

longe longe
perdi a cabeça
vi um amigo de arrumtype
tinha nos olhos
um lindo por do sol
que gagou pra mim

Edson
NEGÃO

Estrela em casa em uma tarde de
muito sol e muita água no rio.
Verão.

A PEDRA FILOSOFAL DA CONTRACULTURA

Os cenários paradisíacos de Arembepe e as figuras antológicas que por lá passaram entre o fim dos anos 60 e meados dos 70 se encaixam fácil na frase lapidar do antropólogo Antonio Risério: "O LSD era a pedra filosofal da contracultura". De fato, a expansão da consciência estava no topo da agenda de viagem dos ripongas de raiz, místicos, loucos de pedra, artistas, aventureiros, contemplativos, foragidos do sistema e tantos outros que transitavam na aldeia e na vila e não achavam suficiente o paraíso entre as dunas, o rio e o mar – eles queriam ir mais fundo e mais longe.

Depois de descobrir acidentalmente a dietilamina de ácido lisérgico, o cientista suíço Albert Hofmann se ligou no achado e fez viagens delirantes, mas certamente estava além da sua imaginação a revolução filosófico-cultural e astral que iria causar nas individualidades e coletividades de vanguarda do planeta. Diminuta na dose e ultrapoderosa nos efeitos, a droga filosofal reinou no *underground* como objeto de desejo e veneração. Fácil de entocar e transportar, o LSD circulava no formato de "pedras" e quadradinhos pingados, ficando famosos na Bahia o *yellow sunshine* e o pérola negra.

Inspiração para artistas que cultivavam estados alterados da consciência para atiçar a criatividade, passaporte para zonas mentais inexploradas, libertador de espíritos encarcerados e vale-transcendência de efeitos garantidos, os pingos e pedras eram os tickets para viagens cósmicas e quânticas, para a fusão primal entre a matéria e a energia e para a comunhão da consciência individual com a unicidade mística das religiões orientais. Questionado sobre o maremoto transcultural provocado pelo LSD, Hofmann não passou recibo: "Eu produzi a substância como um remédio. Não é minha culpa se as pessoas abusavam dele".

> O professor Timothy Leary, neurocientista, escritor e futurista, foi expulso da Universidade de Harvard depois de ter promovido uma experiência psicotrópica com uma turma inteira de estudantes de psicologia. Ícone maior da contracultura, ficou famoso na defesa dos benefícios terapêuticos e espirituais do LSD, em prol de um novo estágio da evolução humana. Foi amigo pessoal de John Lennon – a canção *Come together* dos Beatles foi inspirada nele. Em outubro de 1996, as suas cinzas foram transportadas pela nave espacial Pegasus e libertadas no espaço com o auxílio de um satélite, juntamente com as de Gene Roddenberry, criador de *Jornada nas estrelas*. Suas últimas palavras ao expirar foram "Why not?".

Quem estava em Arembepe e na Aldeia Hippie, *points* de circulação de gente vinda de Amsterdam, Londres e São Francisco, obtinha com relativa facilidade uma passagem para oito, dez horas de contemplação nirvânica e transcendência, visitação a conteúdos nas funduras do inconsciente. A atriz e modelo Vera Valdez confirmou que, em certo verão, era mais fácil achar ácido do que maconha.

São caudalosos e chapantes os relatos de viagem dos que fizeram o embarque na estação Arembepe. Vicente Sampaio recebeu o batismo logo ao chegar: "No finalzinho da tarde foi administrada a 'comunhão'. Era a minha primeira vez, com os efeitos surgindo à medida em que o sol declinava no horizonte das dunas ornamentadas pelas lagoas que, na época, estavam quase secas. Ficamos na contemplação do crepúsculo até as primeiras estrelas, quando, sem ser coisa consciente, num átimo percebi que o tempo não mais existia, a sensação era de que estava desperto após dois mil anos de sono profundo...".

Fernando Noy apreciava – como a maioria dos aldeões, diga-se – um *sunshine* dissolvendo na língua, e se jogava de corpo e alma nos cenários e personagens delirantes das viagens:

Um acontecimento fantástico foi quando aparecerem duas Kombis com uns xamãs mexicanos e uma velha mulher que era médium pode-

rosa e oferecia sessões diferentes do candomblé (axé). Nas laterais das Kombis havia desenhos com símbolos muito raros, evidentemente de suas confrarias desconhecidas. Ficaram uns dias, até que numa tarde eu vi que me chamavam e fui até eles no meio de uma viagem de LSD. No fundo da Kombi, com uma porta aberta e sentada em posição de lótus, coberta por seus longos cabelos, estava aquela médium que evidentemente era a matriarca. Quando cheguei perto, ela balançou sua cabeleira e sorriu com o mesmo riso inconfundível de Janis Joplin. Fiquei tão comovido que comecei a chorar. Rapidamente, uma das integrantes daquele sabbath obrigou-me a sair do círculo e queria que eu voltasse para a aldeia. Perguntei-lhe o porquê e disse que eu tinha percebido que quem estava ali era a grande deusa do blues. Ela me falou que sim, mas, como eu chorava tanto, foram obrigados a me tirar da roda, porque Janis Joplin não gostava de lembrar que estava morta[14].

Paulo Argolo fez-se guia para uma viajante perdida na aldeia:

Num desses dias, chegando na praia, encontro uma gata de cabelos encaracolados dourados, os olhos brilhantes e a face afogueada com uma coloração especial. Saquei que ela devia ter tomado um ácido. Assim que me viu, me pegou pelo braço para conversar e me lembrei vagamente dela na celebração que havia acontecido na noite anterior, quando vieram pessoas de outros lugares, e também me lembrei dela transitando pela aldeia. Ela me falou que fez a maior viagem e que um cara a seguiu a noite toda. Falou isso olhando para os lados, não com medo, mas como se quisesse se certificar de que o cara não estava mais ali. Falou que era uma figura estranha, magro, branco, com uma cabeleira negra comprida e andava com uma capa vermelha e preta amarrada ao pescoço. Ele sumia e reaparecia em outro lugar. Eu disse que ela estava falando de um cara que tinha chegado naqueles dias e que eu o conhecia do Rio de Janeiro, tornando a encontrá-lo na aldeia. Seu nome era Torquato e era gente boa. Falei isso para deixá-la tranquila e ela me contou da bad trip, *que a noite inteira tinha sido muito louca. Rindo, começou a contar*

---

14 Ver nota 2.

que ela e duas amigas conheceram umas figuras, prepararam um rango, fumaram vários baseados e no fim da tarde pensaram em voltar para Salvador. No meio do caminho, já na vila, encontraram um gringo que tinha um monte de ácidos e, no meio da conversa, ele pediu para as três colocarem as línguas de fora e pôs um filme microscópico gelatinoso na língua de cada uma. Quando bateu a onda, elas voltaram para a aldeia com o gringo a tiracolo, e em determinado momento ela se perdeu das amigas – na realidade, ela se perdia e se encontrava. Num desses momentos apareceu esse Torquato e ele contou uma história de duplo etéreo, que alguém podia estar em dois lugares ao mesmo tempo, se projetando até quilômetros de distância. Ela dizia que ele sumia e reaparecia, era meio bruxo. E assim, na cabeça dela, passou a noite toda fugindo e se encontrando com essa figura, ia para o rio e o cara estava lá; vinha numa casa, o cara chegava; ia nas dunas e aparecia o cara... Até que amanheceu e veio para a praia. Ri muito com a história, ela se chamava Roberta e disse que tinha batido uma bad trip, *mas que já estava tudo legal. Falei que essa figura que ela encontrava e desencontrava na certa só queria falar com ela e era um poeta, fez música com Gil e Caetano. Ela começou a rir e rimos os dois até sair lágrimas dos olhos. Eu senti a viagem dela, falando até quimicamente, pois sentia no meu corpo os efeitos de suas ondas vibratórias. Coisas de Arembepe.*

O ícone tropicalista Torquato Neto aprontando todas em Arembepe? Por que não?

John Chien Lee reporta uma única *bad trip*: "Num dia que eu me banhava na 'lagoa dos deuses', fui surpreendido pelo Figueiredo, famoso delegado[15] de Arembepe e que, possivelmente, ficou mais surpreendido ainda por ter me encontrado totalmente pelado. Implicou comigo e acabou achando uma pequena bituca esquecida na minha roupa, e decidiu me prender. Mas foram poucas as horas de sufoco, graças a Coló, que intercedeu em meu favor, fazendo com que me

---

[15] Segundo Rivelino Martins, o "delegado" mencionado por Chien Lee era de fato o "Figueiredo Soldado", preposto conhecido pela truculência. O delegado de direito chamava-se Correia.

soltassem sem encargos. Ela era uma personagem com muita presença (pesava mais que 150 quilos), bastante respeitada em toda a comunidade".

E Lula Afonso continua o seu relato de viagem com o mergulho lisérgico no Rio Capivara, no livro *Transbordos*:

O ar livre me respirava e não havia fundo nem frente nem antes ou depois, apenas a radiação da grande bola de hidrogênio que me esquentava o corpo e avançava lentamente no céu, em direção ao crepúsculo. Percorri com os olhos os juncos nas margens do rio curvando-se gentilmente em cifras que cantarolavam "sim, sim, está tudo bem... sim, sim, está tudo legal!".

Seria a divindade das águas sussurrando para mim os seus doces segredos? "Sim, sim, por que não?", confirmaram os juncos em uníssona harmonia, bailando as hastes esguias em ritmo com a brisa marinha da tarde. "É verdade! É verdade!" – os juncos confirmavam tudo, e a cantoria celestial mudou o tom para gemidos lamentosos. Perplexo, vislumbrei o vaticínio sobre a horda malfazeja de saqueadores e predadores ambientais, toda a malta de gente ruim e inculta assumindo o poder e cortando o elo com a fonte borbulhante da vitalidade. [...] O azul do céu quase sem nuvens doía nos olhos, de tão intenso. Ouvi trinados de bem-te-vis e vozes alegres de gente chapinhando ao lado. Voltei-me para ver quem era e percebi olhares curiosos: um punhado de faquires de barbas compridas, costelas à mostra e tatuagens em todo o corpo, e graciosas odaliscas que com eles se banhavam, todos desnudos, acompanhavam os meus movimentos. Ouvi o que uma odalisca falou para um faquir: "Olha só a aura desse cara!".

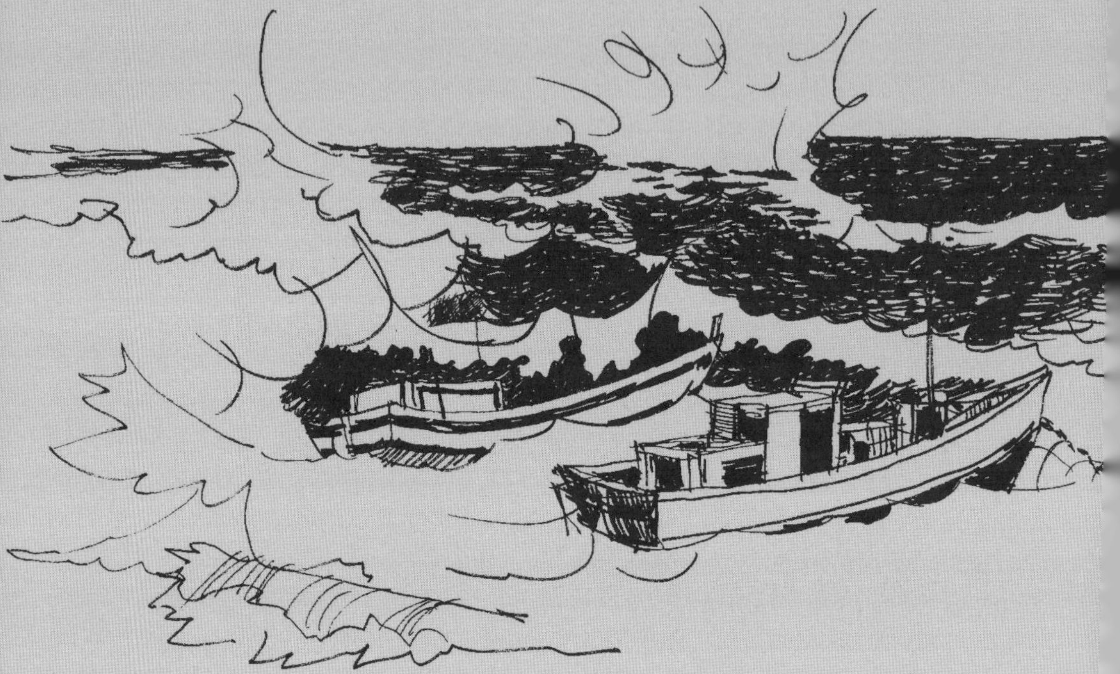

COLECIONADOR DE MALUCOS
CLAUDIA GIUDICE CONVERSA COM JOÃO DO MAR ABERTO

A noite é de lua cheia. Enquanto ouço a história, vejo-a subindo por detrás da cabeça do meu interlocutor. Moreno, olhos azuis quase transparentes, sempre vestido de branco, seu uniforme de trabalho, João Sá é um homem feliz. Feliz, porque é pleno e consciente das escolhas que moldaram sua vida. Administrador e ator de teatro, ele é conhecido como o João do Mar Aberto, restaurante estrelado e mitológico da Praça das Amendoeiras, em Arembepe, desde 1984 alimentando pessoas e histórias. João contabiliza mais de meio século de Arembepe e de Aldeia Hippie, lugares que escolheu para viver e ser feliz ao lado de Thierry Nicodème, seu companheiro de jornada e de negócio.

João fala com calma e encanto. A conversa flui e o tempo passa. Está em casa. Estamos. Em cima da construção do restaurante, João mantém um pequeno estúdio, quarto e sala, que já foi sua casa. Paredes pintadas de branco para destacar o azul do mar, que entra pela janela mesmo à noite, e dos batentes de cor azul Grécia. Está em casa porque escolheu estar. João nasceu em Itabuna, longe do mar. Décimo sexto filho, de 17, de uma família católica muito conservadora. Louco por sua mãe, sempre se sentiu o preferido dela. O exagero de amor talvez o tenha ajudado a fazer sua primeira importante escolha. Em 1958, com 13 para 14 anos, decidiu partir para Salvador para internar-se no seminário da igreja de Santo Antônio da Barra e estudar no colégio Antônio Vieira. "Eu vivia um permanente conflito entre o amor que sentia pela minha mãe, a rigidez da religião, meus desejos de menino e minha sexualidade ainda confusa, a vontade de ser livre e diferente", conta. "Minha melhor memória daqueles cinco anos de seminário era descer, pelo mato, o morro da igreja e mergulhar no mar do Porto da Barra".

A falta de vocação inequívoca e a vontade de viver outras histórias fizeram João sair do seminário e ir para o Exército, em 1963. Cumpriu o serviço militar e voltou para Itabuna, onde não mais se achou. Seus desejos não cabiam na cidade provinciana. Tinha que se esconder para ser quem era. O encontro com o jornalista Pedro Ivo Bacelar foi um resgate.

O destino participou do episódio. Bacelar foi a Itabuna entrevistar o prefeito da época. Não conseguiu. Antes de voltar para Salvador, conheceu João e o convidou para viajar para a capital. João ganhou uma passagem de ônibus e abrigo em uma quitinete na Rua Carlos Gomes, no famoso edifício Saga (quem conhece sabe). Não tinha dinheiro nem a aprovação dos pais, mas encarou o destino. Fez as malas e partiu. "Por um ano, morei nesse pequeno apartamento, lugar de loucuras, transgressões e abrigo do Ivo. Eu e um outro rapaz morávamos lá. Aguentei o quanto pude", recorda João, agora rindo. Sem trabalho, pediu socorro ao diretor do ex-colégio para conseguir sustento e abrigo. Tornou-se bibliotecário, depois funcionário de uma editora religiosa e, mais tarde, administrador de empresas.

João viveu anos dividido entre o céu e a terra. De dia, careta, de paletó e gravata. De noite e nos fins de semana, marginal, mundano, quiçá devasso. A epifania que mudou para sempre sua vida aconteceu no Terreiro de Jesus. Foi na mitológica Cantina da Lua, da qual era frequentador desde a segunda vinda a Salvador, que conheceu um maluco que lhe falou de um vilarejo chamado Arembepe, onde havia uma aldeia cheia de hippies. "Sempre gostei dos malucos, me fascinava a liberdade deles. Naquele dia, em 1968, um maluco recém-chegado me convidou para ir à aldeia. Topei partir. Era inverno, junho ou julho. Pegamos um ônibus e chegamos na aldeia. Estava tudo alagado, por ser mês das chuvas. Minha primeira visão foi a de uma família de norte-americanos, avô, pai, mãe, adolescentes, crianças. Eram todos claros. Estavam todos nus!", recorda, emocionado.

Terreiro de Jesus, Arembepe, Teatro Vila Velha. João Sá logo descobriu que um outro mundo era possível. "Fora do trabalho, eu colecionava experiências, histórias e malucos. O desleixo deles me encantava", confessa João, a elegância vestida de branco.

Nas décadas de 1970 e 1980, na agenda de administrador da empresa Eletromar e depois da Westinghouse, também cabia o teatro. O primeiro trabalho foi com o argentino Leonardo Lovelli. A estreia seria no famoso Teatro Vila Velha, com a peça *Mortos sem sepultura*, do francês Jean-Paul Sartre. Não houve estreia por culpa e causa da ditadura. Polícia na porta, a cortina não se abriu e a cena ficou muda. O segundo trabalho, este sim, estreou no Gregório de Mattos, com direção do uruguaio Ernesto Laiño. *Tudo azul no hemisfério Sul* foi um sucesso de público e crítica. João seguiu atuando com os grandes da dramaturgia baiana, como Rita Assemany, colega de palco em *Toda nudez será castigada*. "Uma vez, em Arembepe, fui parado por um policial enorme, depois de ser vigiado por ele por alguns minutos. Vivíamos na ditadura e a polícia provocava pavor. Achei que tomaria um baculejo e seria preso porque tinha uma beata de baseado no meu bolso. Para minha surpresa e emoção, aquele guarda, um homem aparentemente muito simples, havia ido ao teatro com sua namorada e tinha me visto atuar em *Toda nudez*... Ele me parou para perguntar se era eu mesmo que ele vira no palco e para dizer que tinha ficado muito impressionado com minha atuação".

Escritório, palco e aldeia. Por mais de duas décadas, João viveu nesses universos paralelos. Conheceu os principais protagonistas da vida e da história da aldeia. Nilda e Judy Spencer, Cândido, John Chien, Missival, Manu, Isabel e João Grande. Coló, Dona, Dudu e Vânia. "Eu fui hippie de fim de semana por quase duas décadas, até que um dia cansei. Queriam que eu mudasse para a sucursal da empresa em Recife. Disse não e pedi demissão. Fiquei solto, pensando no que fazer. Quase caí na estrada com um amigo, outro maluco. Fomos juntos até Feira de Santana. Chegando lá, desisti. Gosto dos malucos, mas não consigo viver como eles. Voltei para Arembepe e comecei a pensar no que faria da vida".

Ao lembrar de seus malucos preferidos, João se recorda de uma nativa que vivia em Arembepe e tinha por hábito abrigar muitos visitantes estrangeiros. Reza a lenda que ela perdeu o juízo por causa da trapalhada de um grupo de mochileiros norte-americanos que hospedava. Quando souberam que a polícia estava na vila, dando batidas, se apavoram e jogaram todos os ácidos – droga mais usada na época para viajar ao nirvana – no jarro de barro onde ela guardava a água da casa. Sem saber, a mulher consumiu o líquido e partiu para uma expedição sem volta, ficando para sempre no modo "estado alterado de consciência". Ela tinha alucinações que a fizeram cavar por toda a sua casa à procura de um feitiço. Por causa dele, acendia velas obsessivamente, quase colocando fogo na própria casa. Tornou-se lasciva. Vivia nua e adorava "causar" com suas cantadas diretas e retas. "Certa vez, ela tentou seduzir uma mulher muito classuda e elegante, que tinha vindo para cá em busca de sua filha fujona. Na maior cara de pau, se insinuou para a mulher com a seguinte frase: 'Eu faço você subir ao céu sem ser santa'".

O destino foi generoso com João. Em meio a esse processo de mudança de vida, numa esquina da aldeia, ele viu chegar um rapaz bem loiro, branquinho dos olhos azuis. Trazia mochila nas costas e o sol de uma volta pelo mundo na pele. Era o seu gosto e o seu tamanho. Foi rápido. Comentou com uma amiga com quem estava: "Vamos lá no rio, levar uma caipirinha para ele". João e Thierry tornaram-se inseparáveis. Resolveram sair de Arembepe para fazer uma viagem pela América do Sul. O clássico roteiro de trem da morte – La Paz-Lima-Cusco-Machu Picchu. Durante a viagem, resolveram unir o útil ao agradável. Thierry havia trabalhado em restaurantes no verão da Côte d'Azur, no sul da França. João sabia administrar e receber. Na volta, criaram o Mar Aberto, no melhor lugar da Praça das Amendoeiras. "No começo era um bar, muito simples, com telhado de palha de coqueiro e piso de chão batido. Recebíamos os nativos, pescadores recém-chegados do mar, que paravam aqui para tomar uma cachaça e vender seu peixe. Andávamos de bermuda e camiseta de alça o dia todo. Eram tempos felizes e muito românticos", relata João, sempre com o olhar brilhante e um sorriso de misterioso encanto nos lábios.

Colecionador de malucos, de amigos e de histórias, João Sá escolheu Arembepe para viver e ser feliz. Tem casa na vila e na aldeia, onde descansa do trabalho duro no restaurante. Quinta-feira, antes da pandemia, era seu dia de hippie. De folga do trabalho, reunia os amigos para tomar banho de rio, curtir e cozinhar em sua casinha na aldeia. "Lá é meu refúgio. Me sinto bem. Tem uma energia rara, que é difícil de explicar. Tive vivências e experiências únicas nesse lugar. Duas delas inesquecíveis, mas é uma longa e maravilhosa história, que outro dia eu conto". Anotado, João. Ficarei te esperando.

Tereza lavando louça.
Cozinha da colô. (novembro/75)

CAMINO MAZZANO

Uma troca de ideias virtual sincroniza, em tempo real, as geografias montanhosas do Vale do Capão, na Chapada Diamantina, e Santo Antônio do Pinhal, na Serra da Mantiqueira:

Vicente Sampaio – Conseguiu o contato de Camino?

Sérgio Siqueira – Consegui, ela se animou, vou voltar com calma.

VS – Será que ela existe mesmo?

SS – Existe, estávamos conversando quando ela pediu desculpas por interromper, porque ia entrar no dentista.

VS – Estranho, anjos irem ao dentista...

SS – Também achei, mas faz parte do jogo sofrer como os humanos.

VS – Ahahaha, essa foi boa!

Uma nova conexão acontece, desta feita internacional, entre a fazenda El Canuelo, em Cadiz, sul da Espanha, e o Vale do Capão, na região central da Bahia. Camino Mazzano com a palavra:

Eu cheguei em Arembepe com 20 anos, saindo de Ibiza e de uma história maluca, que envolvia um namorado com problemas de uso de heroína. Vim só com passagem de ida para o Brasil e, quando cheguei ao Rio de Janeiro, achei uma cidade muita louca, porque eu morava numa ilha, morava no mato. Era janeiro de 1975, em plena ditadura militar, e eu queria ir embora para um lugar mais interessante, mais calmo e alguém me falou de Arembepe.

Entrei em Arembepe sozinha, com uma graninha, um violão e umas camisolas, que eram a minha roupa. Lá me emprestaram uma casa na aldeia, onde passei 20 dias. Era uma casa de pau a pique e eu dormia no chão, numa esteira de palma. Tinha um homem que trazia água num jumento todo dia, e eu nem me lembro o que comia.

Depois desses 20 dias na aldeia, tive que voltar para a vila, onde eu não tinha casa e dormia embaixo dos coqueiros. Era amiga de Cândido, mas não dormia na casa dele. Uma noite, no carnaval, eu acordei com um cara em cima de mim, e o Cândido saiu para me auxiliar e me deu um quartinho na casa dele.

Desembarquei no Brasil depois de uma relação de cinco anos, e em Arembepe eu não queria estar com ninguém, então eles me chamavam de lady, porque não queria ter relações sexuais, eu estava me encontrando, estava num país estranho, exótico, com muita coisa para aprender. Foi uma maravilha! Na casa de Cândido, eu cuidava da meditação dele, porque as pessoas não respeitavam e então eu ficava na varanda e não deixava ninguém entrar, até acabar.

Camino quase nunca falava, ainda que fôssemos da mesma língua. Adorava contemplar água em diversos copos, que ia enchendo como se fossem pequenas cachoeiras inventadas por ela. Águas vivas cheias de imagens, das quais também fala a divina Clarice Lispector. Formas e figuras que seguramente se refletiam como espelho líquido de sua viagem lisérgica, que parecia perpétua, interminável. Era realmente uma grande deusa, ainda humana. Alta, sempre de túnica branca, uma verdadeira deidade como a Virgem de Macarena, que os toureiros e os ciganos flamencos veneram, igual a nossa sublime Iemanjá e a sua mãe, Nanã Borokô, mãe de todos. Camino era uma esfinge preciosa, acho que foi precursora da telepatia como o idioma perfeito, no qual ninguém podia mentir nem pensar coisas que não fossem captadas por ela nas trips. Tinha pele de néctar, cabelos negros e olhos cheios de uma luz do outro mundo, incomparável. Sempre tão gentil e em plena viagem, muito doce e interminável, sem se mover nem um passo. *(Fernando Noy)*

Olha, na casa de Cândido circulava muita gente, principalmente à tarde, quando ele passava o cineminha com um raio de sol. Às vezes, vinha uma pessoa que tocava cítara, e havia também uns americanos malucos.

Na realidade, eu nunca entendi como numa ditadura militar fodida, vamos falar assim, tinha um lugar com tanta liberdade, onde se fumava maconha e as pessoas viviam muito livres. Não sei, talvez porque o Brasil seja um país muito grande e difícil de se controlar e, às vezes, aparecem esses focos de liberdade, como Arembepe.

Mais tarde, a gente teve problemas com os militares, quando fomos para Brasília e depois para São Paulo. Eu era uma basca e bateu neles aquela paranoia... além disso, Cândido já tinha sido preso. Deixa pra lá!

Essa história de Cândido ter sido preso eu não gostaria de falar, porque é uma situação da vida dele, muito íntima. Estávamos em Brasília, investigaram ele, perguntaram por mim, de eu ter vindo da Espanha... Não vamos falar disso.

Quando eu encontrei Cândido, ele fazia voto de castidade, voluntário, já tinha passado por uma história muito dolorosa e não queria relações emocionais com ninguém, porque ele estava numa viagem espiritual quando morava em Arembepe e que hoje continua em Matutu.

> Falando de pessoas que me chamaram a atenção, me lembro de Camino. Vi Camino saindo do fundo da casa de Cândido, levando copos numa bandeja para lavar na lagoa. Como eu estava viajando, não tive a presença de espírito nem coragem de fotografá-la na sua divindade. Ela estava banhada dos últimos raios de sol, uma competição de luz injusta para o sol. Acho que ela era infotografável.
> (Vicente Sampaio)

Em Arembepe conheci Lula Moraes, um escultor de Olinda, amigo de Cândido, e o reencontrei em Brasília, quando namoramos e depois nos casamos. Moramos em Búzios muitos anos e depois fomos para Minas Gerais, São Lourenço, para mais uma vez morar junto de Cândido. Em seguida, morei no Vale do Matutu, onde estava Trigueirinho e também umas pessoas que tomavam ayahuasca, mas nunca tomei. Lula não está mais aqui, morreu há dois anos. Era uma pessoa incrível, pai de minha filha Izadora.

Eu tive uma grande dor em Arembepe, porque havia uma mulher muito louca, que se chamava J... Ela teve uma criança perto do carnaval, ficou doida e sumiu, deixando a criança na casa da mãe, da irmã, da prima. Era uma casa na rua que só tinha mulheres, você entrava e via aquelas panelas de alumínio com água e duas, três crianças dentro. Todas tinham filho e a casa não tinha homem. Eu falava: olha, cadê J...? Ela acabou de dar à luz a criança e foi embora! Acabei levando com Cândido a criança pra casa. Comprei leite, umas fraldinhas e cuidei dela. Depois, a mãe voltou da Bahia e pegou a criança de volta, claro, ela era a mãe. Nós pusemos o nome de Leonardo na criança e quando fui para Brasília com o Cândido, soube que a criança tinha morrido desidratada. Foi muito triste para mim.

Hoje eu moro num paraíso que descobri há 30 anos, junto de uma cidade antiga romana que se chama Baelo Claudia. Moro no meio do mato e fiz um jardim que agora ficou famoso, em memória de minha filha, que morreu com 25 anos, de repente. Aí eu joguei as cinzas no mato e transformei num jardim para ela, que eu chamo de Love Garden, ainda tenho o espírito hippie. A minha vida vai muito bem, sabe por quê? Eu transformei aquela dor numa coisa linda e estou feliz, agradecida, por tudo que a vida me deu e me tirou. Moro num paraíso, que mais bonito é impossível.

Cândido de Alencar – Camino foi uma das pessoas da mais alta importância que cheguei a conviver. Fomos juntos para Brasília, depois para São Lourenço, em seguida ela foi morar em Búzios e chegou a me visitar aqui no Matutu, nos primórdios da minha chegada ao vale. A filha, Izadora, era linda como a mãe.

Dulce Ferrero – Conheci Camino e seu marido quando fui morar em Tarifa, Espanha. É lá que ela tem uma casa no campo, El Canuelo. Tudo, tudo em homenagem à filha dela, que morreu jovem, e todos sempre me disseram que era lindíssima, superfigura etc... Fiquei mais próxima da irmã mais nova dela, Ana, que é surda-muda, uma pessoa espetacular, um sonho, até hoje nos falamos. A Camino era mais divosa, aparecia pouco, sempre foi muito carinhosa pelo fato de eu ser brasileira. Nessa época, eu era *chef* de cozinha e administradora da Posada La Sacristia, propriedade de dois amigos dela. Incrível como esse mundo é pequeno, como as tribos afins se conectam!

Rivelino Martins – O fornecedor de água na época era Dudu, tio de Isqueiro, que tem um restaurante na Praça São Francisco Arembepe.

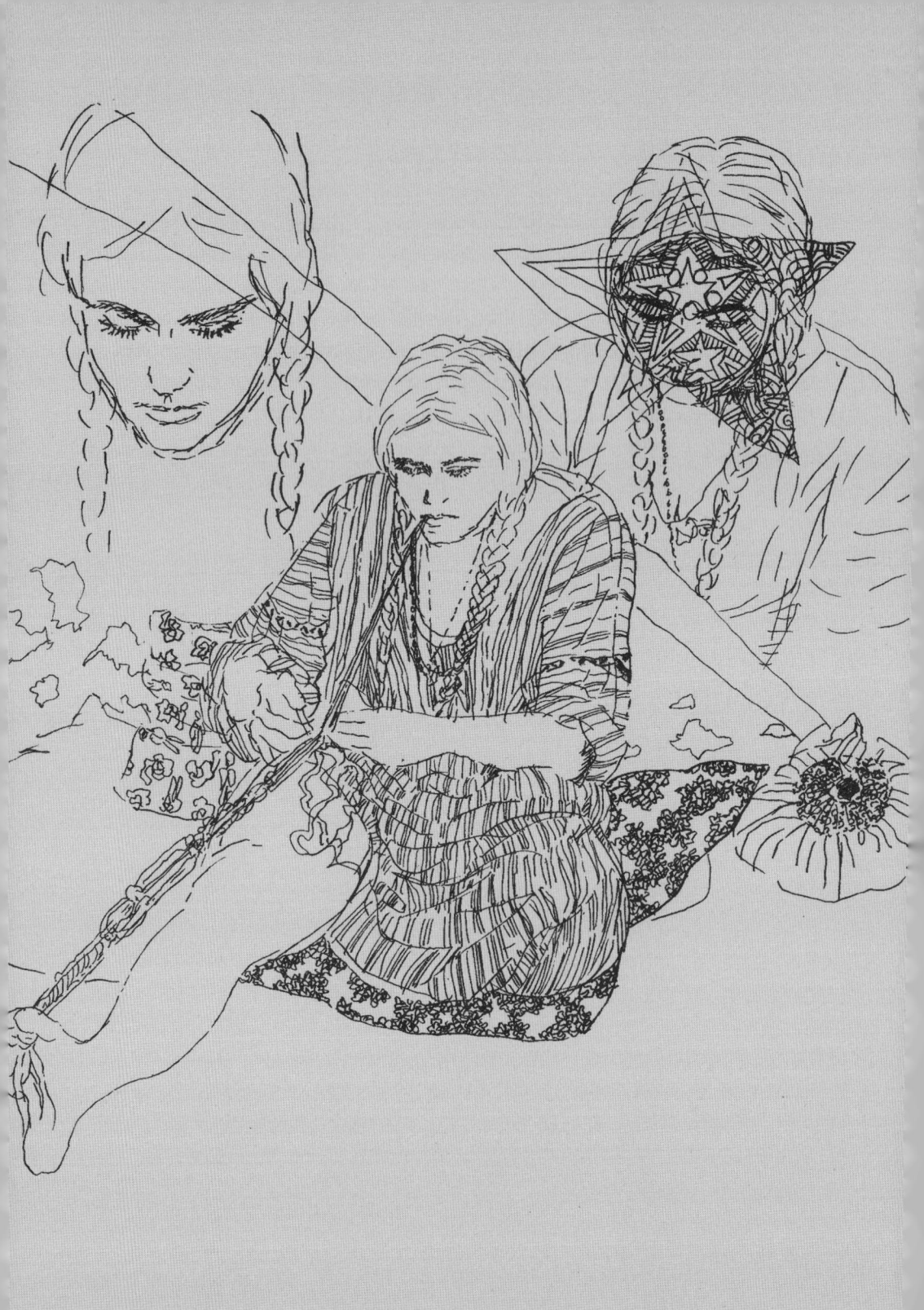

VERA VALDEZ
ENTREVISTA AO ATOR RICARDO BITENCOURT

Arembepe era a "moda nu". Soninha Dias trabalhava numa revista, a última coisa que Tarso de Castro escreveu. Eu também colaborava e ele me pediu para escrever sobre a moda livre. Ora, moda livre! O que seria a moda livre? Moda livre é o nu. Arembepe foi o ponto alto do final dos 60 e início dos 70, onde se exercia a moda livre. Íamos para a praia pelados, vivíamos em comunidade e tinha gente de todo lugar, tudo doidão, careta não dava pé. Mariana foi para Arembepe com 3 anos, nessa época eu estava em Nova York. Mariana casou no mar com Pedro Gil, quando tinha 4 anos, e sempre tinha alguém que cuidava dela em Arembepe. Quando as mulheres foram para a praia de topless e apareceram "os homens", eles prenderam elas todas e Mariana ficou, mas conhecia todo mundo, os pescadores a conheciam e cuidaram dela. Éramos hippies, andávamos em bando, entrávamos em supermercados em Salvador. Era um inferno, os shortinhos curtos, frouxos, e roubávamos, roubávamos as melhores coisas, o barato não precisava, a gente tinha pescador na porta e mandioca no fundo do quintal. Mariana era craque. Queria fazer essa hippie pra entrar em *Roda viva*, essa hippie velha que envelheceu.

> Conheci Vera e toda a família, ela era a manequim predileta de Chanel. Conheci e convivi com toda a família dela, quando, pasme, a mãe dela, Maria, a irmã Dudu e o sobrinho (filho da Dudu) ficaram todos presos no Doi-Codi. Levei inclusive comida para eles. Vera não podia ir, estava escondida, senão ela também seria presa, pois a procuravam, por ser a mais famosa. Imagine, três gerações presas na mesma época! Me impressionava muito a força unida de todos eles, especialmente da linda e excepcional Vera. Gostaria muito de revê-los. *(Cândido de Alencar)*

Tem uma foto de Bigode de chapéu, ele é um cineasta, comigo riponga e Soninha também. Nessa foto tinha um cara lindo, muito conhecido, que eu não me lembro o nome, e Lita Cerqueira, filha de Oxóssi e grande fotógrafa, fazendo seus postais até hoje, mostrando no mundo. A gente se conheceu atrás do trio elétrico, na Praça Castro Alves, numa época em que as mulheres eram extremamente lindas. Tinha a Vilminha, que saía da banana. Eram mulheres extraordinárias. Meu garoto predileto era o Marquinhos Rebu, o Rebucetê. O avô dos meus bisnetos lindos, o homem de Paulinha. Os anos 70 no Brasil foram sensacionais, uma rebelião. No ano em que passei em Arembepe já era famosa, modelo *number one* de Coco Channel, mas ao mesmo tempo era riponga. Eu era a mais velha, cada um tinha seu barraco, e Soninha Dias é que organizava tudo. Tinha a casa das mulheres, onde as meninas ficavam; a casa dos músicos; a casa dos casais. A praia era só nossa. Que época!

Mas também era barra pesada. Eles sabiam que a gente tinha drogas, sabiam que tomávamos banho pelados, mas ao mesmo tempo tinha gente importante morando ali, como Claudio Marzo, Georgiana de Moraes e uma Vera Valdez. A gente era livre, porra! A época era muito doida, muito livre, marginal completa, a gente não queria nada com a legalidade, nada, foi um momento assim extraordinário, puuuum! Acordava na moleza total, Mariana nos acordava. Falo em Mariana porque ela foi muito importante em Arembepe e é até hoje. Ela acordando Lita, que dizia: "Ai, me deixe dormiiiiir, vai brincar com as crianças!". E então ela ia pra mim e eu pedindo pra me deixar dormir um pouco... A praia era lá em cima, era só pegar a esquerda e nadar no rio. No caminho, baianas lindas com os peitos de fora, as crianças nuas nadando e nós também.

Ai, que saudade... Andávamos às vezes mais de um quilômetro atrás de um baseado, indo na casa de um maconheiro para dar um tapa. Fumo era mais difícil conseguir sem ir a Salvador e era todo mundo duro. Ácido tinha muito, as pessoas traziam aos montes. Tomava ácido a qualquer momento, não tinha essa de hora ou dia. Me lembro que um dia tomamos um e fomos de noite com Maria e uma turma na praia e aquele céu forrado de estrela. A gente viajandão naquela loucura, os coqueiros, o barulho do vento, tudo vivo... E então Maria disse estar sentindo uma claustrofobia horrorosa, muitas estrelas, o barulho do mar, aqueles sons. O ácido deixa tudo vivo, e aí ela entrou numa *bad trip* e levou outros: "Essas estrelas estão me sufocandooooo!". E eu disse: "Saia dessa!".

Eu cheguei em Arembepe com um baú de roupas. Fazia roupas lindas e vendia. Soninha, como tinha muitas casas, convidava todo mundo e ela que organizava tudo: a faxineira, o café, onde iam ficar as pessoas. Todo dia tinha café, leite, pão com manteiga. Estava sempre chegando gente, tinha um cantor que aparecia e ia até o aeroporto só para fazer cocô na privada. Éramos soltas. Teve uma época em que chegaram uns ciganos muito ricos, com cavalos lindos, faziam fogueiras, cantavam, davam festa. Eles olhavam pra gente como ciganos também e nós cantávamos com eles: "Atrás do trio elétrico, só não vai quem já morreu". Caretano! Tinha os Dzi Croquetes; Missival, que está lá até hoje; Cândido, que era um guru, fazia contato com extraterrestres. Em Arembepe todo mundo via disco voador, até eu, porra!

Me lembro do casamento de Danuza e Jarbas, cortejo na vila, flores no mar, uma festa. Teve um momento em que chegaram umas pessoas muito ricas e davam festas e nos convidavam, achavam a gente interessante. O amor era livre e de minha parte não existia ciúme. O que estava acontecendo em Londres e Nova York estava acontecendo também em Arembepe. À noite, íamos para o Centro da vila, bebíamos, fumávamos. Íamos também para a casa de Cândido, que era um visionário, o cara que fez os 12 apóstolos, lindos cartões postais com uma caixinha para dar às pessoas. Os apóstolos eram as pessoas que moravam lá. A casa de Cândido tinha uma magia. Ele falava dos profetas, de Jesus, tinha visões, era médium. Falava de amor, liberdade. Cândido percebia essas coisas. No final, com toda aquela gente, eu e Soninha ficamos com uma dívida enorme e não queríamos perder aqueles amores todos, não queríamos ficar devendo pra eles e fomos batalhar o pagamento. Mas aí já é outra história.

Elísio Andrade – Presenciei tudo isso! Por lá também estavam Zé Simão, Pinky Wainer, Wally Salomão e muitos outros. Cheguei a ficar uns dias numa das casas de Soninha, junto com Luciano Diniz! Uma coisa marcante foi o primeiro carnaval de lá, com o trio elétrico da Saborosa. Tinha um formato de garrafa, todo iluminado com aquelas lâmpadas brancas que eram usadas em escritório. As pessoas não dançavam, acompanhavam como se fosse uma procissão. Na turma, todos viajando de ácido, cabelos enormes e batons vermelhos!!!

JANELA DE CASA
INVERNO 75

FERNANDO NOY

O argentino Fernando Noy nos presenteia com recordações de alto impacto sobre Arembepe e a Aldeia Hippie nos anos 70. Em meio à alta fervura cultural de Buenos Aires, ele ainda colhe os louros do lançamento do livro autobiográfico *Peregrinaciones profanas*[16], com relatos incendiários das peripécias na sua agitada estadia na Bahia – o livro ainda não tem edição em português.

Além da passagem em Arembepe, Noy protagonizou um impetuoso ativismo performático em Salvador: interrompeu um show dos Novos Baianos na Concha Acústica, desfilou no carnaval num Opel preto cedido por Regis Catarino, participou das festas de Eliete Magalhães, trouxe Mercedes Sosa para um show no Teatro Castro Alves, derrubou uma passarela de desfile e foi preso nas "escadarias do pecado", na Praça Castro Alves, quando suas roupas despencaram e ele ficou literalmente nu no carnaval da Bahia. Acabou expulso do Brasil quando, em sinal de protesto contra a ditadura Argentina, adentrou a embaixada de seu país vestido de Evita Perón.

Trechos do depoimento de Noy[17]:

Cheguei à Aldeia Hippie sem imaginar que aquele espaço, onde o mar e o rio se encontram como uma festa emocionante da natureza, era morada de tantos outros, com os quais compartilhamos aquele incenso especial vindo do perfume marinho, além dos incensos hindus. Na aldeia, tive o prazer de morar, entre outros, com José Agrippino de Paula e sua mulher, Maria Esther Stockler, fascinante dançarina que fazia a posição de lótus levitando no rio e depois, nua, ia correndo até as águas do mar, já grávida de sua futura filha Manhã. Também morava lá o fabuloso Manu, que, entre outras

---

16 Noy, Fernando. *Peregrinaciones profanas*. Buenos Aires: Sudamericana, 2018.
17 Ver nota 2.

maravilhas, preparou o vestuário para o show dos Doces Bárbaros. Manu era um criador absoluto, eu o vi trabalhar trançando búzios, palhas, conchas e espelhos.

Moravam ainda na aldeia Erasmo, Tony Maravilha e outros hippies divinos maravilhosos, como os italianos Fortunato e seu matrimônio coletivo. Ele tinha um harém, do qual tomei parte. Ao anoitecer, fazíamos fogueiras e dançávamos, curtindo trips de LSD, maconha cabeça-de-nego e boas bebidas. Vivíamos em permanente estado de graça. A margem do rio ficava tão quente que bastava botar uma dúzia de ovos de galinha ou de tartaruga ao meio-dia e o sol os cozinhava.

As panelas de barro tinham sempre delícias de cardápios internacionais, pois muitos viajantes andarilhos que chegavam de outros países preparavam suas próprias comidas e muitas vezes nos convidavam, assim como compatriotas argentinos que serviam empanadas.

Meus amigos – conhecidos ou a descobrir – passavam por lá de visita e ficavam alguns dias, entre eles o poeta Paulo Barata, Oleone Coelho Fontes, Rogério Duarte, Aninha Franco, Babalu, Edgar Navarro, Floriza, Angela Oiticica, Era Encarnação, Guido Lima, Keka, o músico Cacá Dourado e sua namorada Inês, Waly Salomão, Nonato Freire com a divina Nilda Spencer, Jorge Salomão, Luiz Melodia e tantos outros. Eles se misturavam com pitorescos grupos de viajantes do mundo inteiro – em transe, como diria Glauber Rocha, que gravou uma cena na praia arembepiana para seu filme A idade da Terra.

Os nativos pareciam saídos de um quadro de Paul Gauguin. Nosso relacionamento era muito amável, por vezes cheio de paixão. Eu sabia que alguns rapazes muito belos tomavam banho no rio bem cedo e corria a passar-lhes sabão com a própria língua. Eles não negavam suas peles deliciosas, embora fossem embora depois, mas quase sempre regressavam. A aids ainda não existia e o prazer não tinha bandeiras. O gosto do desejo era uma força que me fazia voltar mais amante do que nunca. Naqueles tempos, a palavra suruba era não somente parte do dicionário, dava o toque de festa suprema para todos os sentidos. A aldeia era o anagrama de amor loucamente divino, estrelado, infinito. Ahhhhhhh!!

Quando ia ao povoado de Arembepe, visitava Cândido de Alencar na sua casa com uma entrada fantástica, coberta de caracóis e espelhos. Ele estava sempre com amigos brasileiros e do mundo todo, entre eles Camino, uma fascinante espanhola, e Joel Macedo, carioca e vizinho de Missival, cuja antológica pousada ficava quase em frente.

Camino era belíssima e morava na casa de Cândido, a última de todas na única rua do povoado de Arembepe. Na entrada, a porta coberta de espelhos marroquinos redondos, escamas de peixe coladas sobre o muro e a janela, além de sinos e búzios. Ninguém costumava entrar pela frente, para não fazer barulho ao se chocar com os sinos, mas sim pela lateral ou pelos fundos, onde Cândido sempre estava no maior dos nirvanas, esperando projetar seus experimentos fílmicos com efeitos de som e luzes que formavam um caleidoscópio, na única sala interna. Era como um cinema intercósmico.

Atrás da casa de Cândido, depois da velha árvore, sempre cheia de pássaros que Camino alimentava, seguramente consagrada a Iroko, havia uma lagoa enorme, não muito profunda, que cruzávamos, com a água chegando somente aos joelhos. Do outro lado havia uma espécie de casa-rio e ali moravam alguns malucos que sentiam medo do terreiro que, poderosamente, batia dia e noite sem parar. O pai Babá sempre passeava de short pelo povoado, provocando reverencial respeito.

Camino adorava visitar a aldeia, onde estava quando os Stones apareceram lá e ficaram um tempo. Lembro de uma foto com ela e os meninos, os únicos capazes de ficar deslumbrados com Mick e Keith.

Quando eu ia com Camino e Cândido olhar o pôr do sol, era um cerimonial estremecedor e profundo: nessa hora, Camino cantava alguns mantras, abria as mãos e acariciava a cabeça lentamente, enquanto o sol descia. Ela era a própria lua, seu satélite. Acho que Cândido não havia nascido na Bahia, ainda que, como eu e a própria Camino, estivemos tal qual a Fênix, para sempre ali, terra prometida.

Camino vive novamente na Espanha. Milagrosamente soube algo dela por uma amiga em comum, que me contou que continua igual, como se o tempo respeitasse sua incrível beleza, que não murcha com os anos, muito pelo contrário. De Cândido, não sei mais nada.

MENINAS PASSANDO EM
FRENTE DE CASA
INVERNO 75

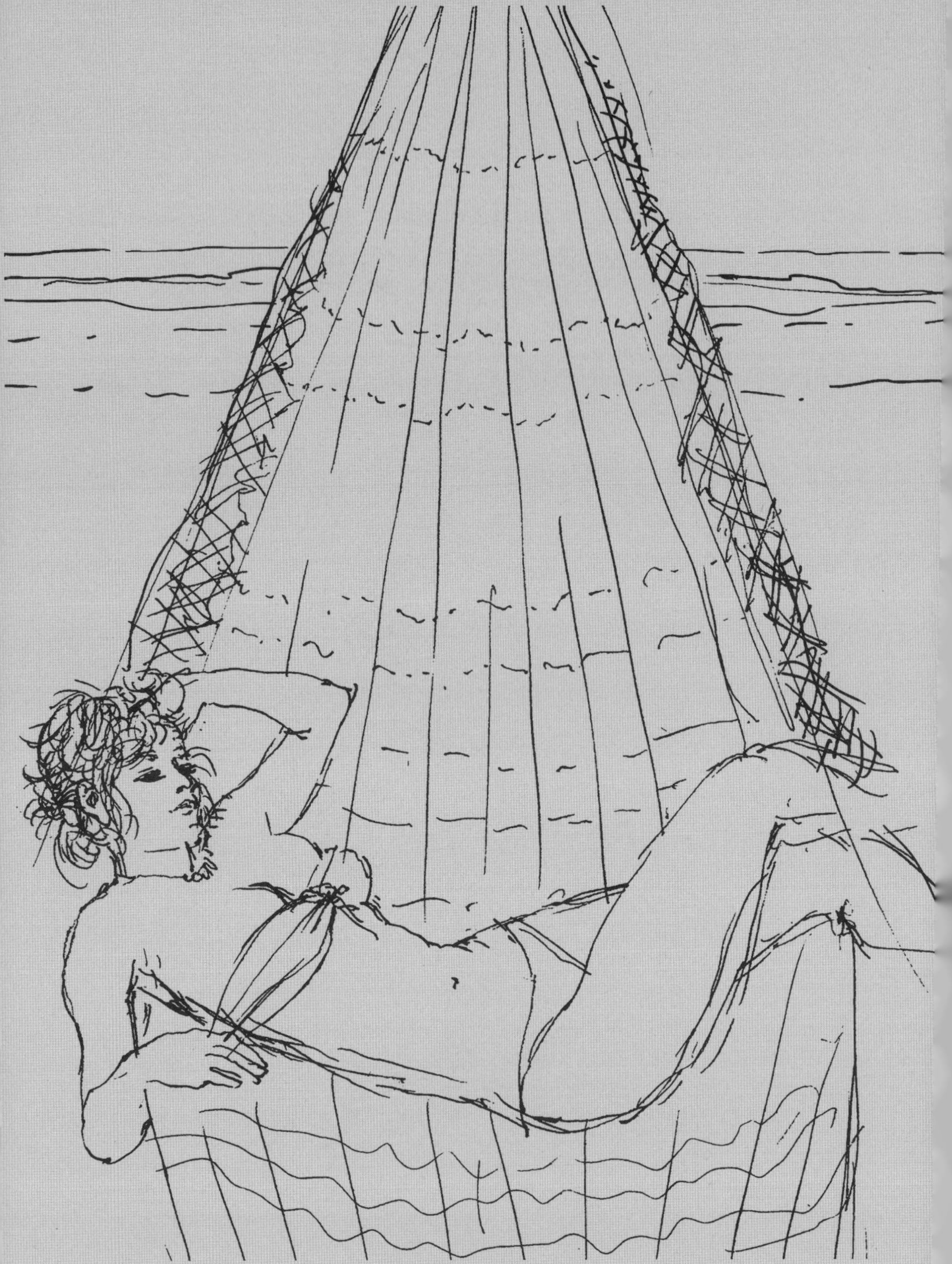

SANDETE

As musas são figuras mitológicas. As musas são inspiradoras. São especiais. Únicas. Quem conhece a recifense Sandete Ferrão, 60+, não tem dúvida. Ela é musa. Musa de Arembepe. Musa do mundo. Musa do sonho do mundo. Dizer que ela era linda, contar que ela era um mito, afirmar que foi uma diva são formas superficiais, acho, de definir uma pessoa que representa, até hoje, uma das muitas dobras do tempo e da história do movimento hippie em Arembepe. Sandete Ferrão, ou apenas Sandete, viveu o melhor daquele momento. Ela representa o sonho. Ela é sonho.

Quem primeiro falou de Sandete foi o artista e museólogo John Chien Lee. Sem meias palavras, John disse: "Você precisa conhecer Sandete. Ela era nossa musa". Com poesia, ele descreveu e desenhou a amiga, que ficou conhecida, muito conhecida, por andar nua pelas ruas, vielas e praias do vilarejo. Lenda caiçara? Não, a mais transparente verdade. Quando pergunto sobre isso, Sandete ri, feliz com a estripulia. "Eu vivia nua mesmo. Não gosto de usar roupa desde criança. Até hoje não gosto. Naquela época, eu só tinha uma camisola branca, linda, bordada, que tinha sido do casamento da minha mãe. Era com ela que eu ia para Salvador, quando precisava", lembra Sandete.

Ela enfatiza que andar nu não era provocação nem recurso para chamar atenção: "Nós éramos lindos, além disso. Pense nas pessoas mais bonitas que você já viu. Elas todas viviam em Arembepe naquela época. Tião Bernard, Tony, John Chien, Marcos Bruzzone, Maria Esther e Zé Agrippino, Manu, Missival, Graça, Fernando Loureiro, Celso Damico, Paulo Cesar... Era tanta gente bacana, que os artistas que andaram por lá iam e vinham e eram tratados como pessoas normais. Eram apenas mais um. Quando o Mick Jagger apareceu, não estávamos nem aí para ele. Ele passava de jipe, ia para a Casa do Sol e nós nem queríamos saber dele. A mesma coisa aconteceu com a Janis Joplin. Ela é que ficou doida de pedra como nós e como milhares de jovens que por lá apareceram. Chegou e ficou apaixonada pelo Suica, um pescador. Foi um amor daqueles. Transavam o dia todo. Quando ela decidiu voltar para os Estados Unidos, tentou de tudo para levá-lo. Suica não quis. Preferiu Arembepe". Janis morreu logo depois. Suica viveu muitos anos, até falecer apaixonado pela malvada pinga.

Sandete é musa e uma das personagens do livro "*Naquele tempo em Arembepe*", de Beto Hoisel. Protagonista, chegou na aldeia em 1969, vinda de Vitória da Conquista, onde vivia com um namorado músico, amigo do Xangai. Gostava de música. Antes do romance, trabalhou como freelancer na produção do cantor Roberto Carlos e ficou amiga do Rei, à época o maior ídolo da Jovem Guarda. São próximos até hoje, cultivando um carinho todo especial. "Nem gosto de falar dele. Somos amigos. Sempre que posso vou vê-lo nos shows", diz.

Ela chegou na aldeia atraída pelo movimento da contracultura, pelos Novos Baianos, que tinham acabado de se mudar para Aremba, e pela cultura da paz e do amor. Deixou para trás uma carreira sólida de publicitária e o trabalho com Marcos Lázaro, então empresário de RC. "Cheguei para ficar dez dias, que rapidamente se transformaram em sete anos", conta rindo, numa conversa telefônica íntima e divertida. A maternidade encerrou o seu período sabático telúrico. Ela é mãe do Tuluá de Caratingui Ferrão, que carrega no nome o amor profundo pelo rio que banha a aldeia, e avó coruja do João Miguel e do Luan. "Fui musa de Arembepe nos anos 70. Até hoje frequento esse lugar, que, 20 anos depois, continua um paraíso", derrete-se.

> Nos fins de semana aparecem os caretas para tomar banho no Caratingui, querendo ver as moças nuas, cuja fama corre o mundo. Ficam decepcionados, porque os malucos não querem dar espetáculo para divertir ninguém de fora e, nos sábados e domingos, procuram ser discretos, fazendo até a concessão de botar bermudão, um biquíni ou uma canga colorida. Existem exceções, como a Sandete, que diz não se vestir simplesmente porque não tem roupa nenhuma, nem lhe passa pela cabeça pedir emprestado — mesmo porque ninguém gosta de emprestar roupa. Isso não se faz. Uma coisa que se sabe é que roupa não se empresta, porque traz os fluidos do outro e isso pode não ser bom, ou para quem empresta ou para quem toma emprestado, dependendo do astral de cada um. Sandete pouco está ligando para quem estiver por perto, quando lhe dá na veneta de aparecer pelada. Mas a naturalidade da nudez dela é espontânea e ninguém se ofende. Ou quase ninguém.
> (*Trecho de* Naquele tempo em Arembepe, *de Beto Hoisel* [18])

Atualmente, Sandete mora em Olinda e trabalha no Museu Regional de Olinda, na Rua do Amparo 128. Na sua casa de dois andares e terraço, mantém o hábito de andar sem roupa. Adora tomar sol nua. "As noites de lua cheia eram mágicas. Todo mundo se reunia para cantar, dançar, conversar e namorar. E tirar a roupa fazia parte do ritual para quem as usava", conta, rindo. "Uma noite muito especial aconteceu quando o José Agrippino trouxe uns tambores de percussão da África. Nos reunimos para tocar. Enfeitamos a roda com lençóis brancos, cada um trouxe sua comida e sua bebida para animar a roda. Éramos, mais ou menos, 50 jovens, vindos de diferentes partes do Brasil e do mundo. Me lembro que nessa noite, Beth Suíça deu um show. Ela dançava como uma deusa. Era belíssima e ficou enfeitiçada com os tambores do Agrippino. Foi nesse dia que eu inovei. Decidi aparecer vestida com a camisola da minha mãe", gargalha.

---

18 Hoisel, Beto. *Naquele tempo em Arembepe*. Salvador: Século XXII, 2002.

Por causa da mania de viver sem roupa, Sandete se tornou amiga de um outro personagem marcante e controverso da aldeia, o delegado Santa Rita Figueiredo. Ele era metido a gostosão, lembra. Adorava perseguir os hippies e vivia dando batidas na turma à procura de drogas. Certa vez, prendeu mais de cem, entre eles Sandete. Foi todo mundo para a cana em Salvador, menos ela. O motivo era a falta de roupas. "Eu disse que não tinha roupas e, de fato, não estava mentindo. Então, eles me deixaram ficar", lembra, rindo. Anos depois, Sandete estava na aldeia no maior perrengue com duas jovens gaúchas que reclamavam da nudez dela. "Elas queriam que eu vestisse uma roupa. Eu dizia que não tinha. Daí o delegado Figueiredo chegou. Elas acharam que ele ia me dar uma dura. Que nada. Quando ele me viu, abriu os braços, o sorriso e me agarrou dizendo: 'Minha deusa, que saudade'". Risos.

Que magia aconteceu naqueles anos incríveis? Por que esse encontro? Sandete tem uma resposta interessante para essa questão inesgotável: "Nós tínhamos nossa filosofia. Éramos radicais no sentido de viver o movimento *flower power* ao extremo. Éramos sustentáveis antes mesmo do termo ter esse significado. Nossa existência era coletiva. Nosso consumo era restrito. Dividíamos tudo. Comíamos o que a natureza nos oferecia, como peixe, lagosta, ovo de tartaruga, coco e frutas. O pouco dinheiro que tínhamos ficava com Tia Deja, uma nativa de Arembepe que operava como o nosso banco. Ela cuidava do nosso dinheiro. Administrava, vendia fiado e nos alertava quando a grana estava acabando. Nossas casas eram cobertas com palha de coqueiro. Enfim, tínhamos um modo único de viver. Essa experiência não volta, porque ficou marcada naquele tempo. E mais, quer saber, éramos covardes para sermos guerrilheiros e lutar contra a ditadura. Escolhemos viajar o mundo e viver a paz e o amor. Mas nós e os guerrilheiros queríamos a mesma coisa: a igualdade, a liberdade e a fraternidade".

Por que você partiu, Sandete? "A maternidade falou mais alto. Fiquei grávida do Tuluá. Inclusive, meu plano era que ele nascesse dentro do Rio Caratingui, pelas mãos da parteira Guigui, famosa por trazer ao mundo mais de 400 arembepeiros. Não deu certo. Quando Guigui deu o toque, ela me olhou e disse: 'Esse não é meu, é do doutor. Corre para Salvador'. Meu filho nasceu lindo e, para dar tudo certo, fiz promessa para São Cosme e Damião. Até hoje dou pipocas às crianças para agradecer... Então, meu filho nasceu em 1976 e eu percebi que era hora de partir para criá-lo com mais conforto. Eu parti, mas nunca abandonei Arembepe. Volto sempre para lá. Chego correndo e vou comer uma moqueca no restaurante da Coló. Sinto tanta saudade dela".

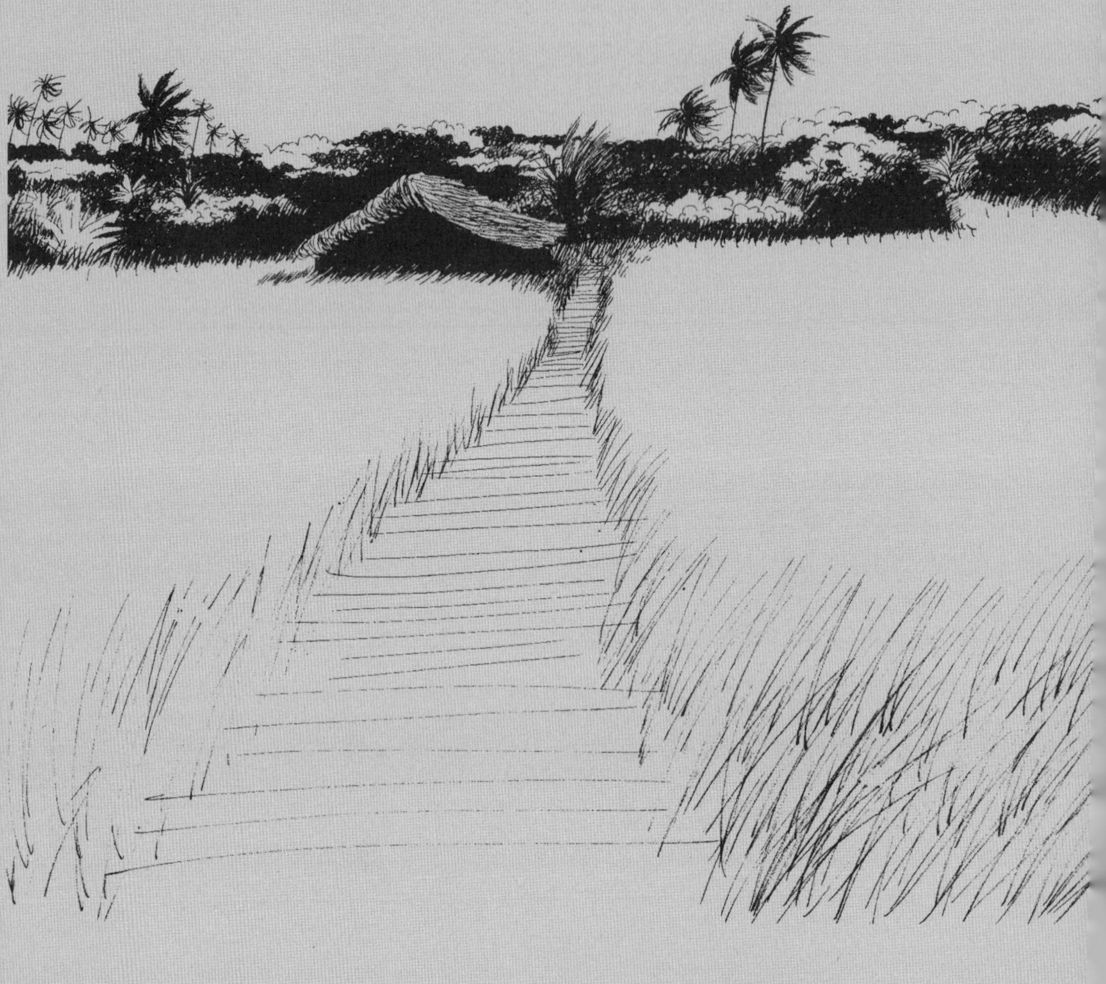

ZÉ LUIZ
DEPOIMENTO VIRTUAL
CONEXÃO PIRENÓPOLIS (GO) - SALVADOR (BA)

O nome Arembepe surgiu para mim numa festa em São Paulo, no Clube Militar, onde rolava aos domingos um baile para os jovens. Num desses bailes, saí para fumar um cigarro nos jardins e dei de cara com um rapaz fumando um baseado. Trocamos umas ideias e foi a primeira vez que ouvi o nome Arembepe. Três meses depois, no calor de fevereiro, alguns amigos passaram lá em casa, dizendo que no outro dia todo mundo ia para a Bahia de carona. Era quinta-feira antes do carnaval, eu tinha um compromisso de emprego e precisava me apresentar ao Banespa na quinta seguinte. Fiz as contas, achei que dava. Na sexta, parti para a Bahia, pegando carona.

Cheguei em Salvador na terça-feira de carnaval, comecinho da noite, e fomos para a Praça Castro Alves. Estava tocando o Trio Tapajós, e conheci uma baiana. Trocamos ideias, pulamos atrás do trio elétrico e no final perguntei onde eu podia ficar. Ela falou que a maioria dos que chegavam de fora estavam acampando no Jardim de Alah. Pegamos um ônibus e lá encontramos centenas de barracas, e a coincidência foi que a primeira delas, onde pedimos informações, era dos amigos que tinham saído de São Paulo na sexta-feira.

Ficamos lá naquela loucura, eu acostumado com a cidade grande, e aquele mar, aquele sol da Bahia. No outro dia acordamos cedo, o carnaval de Salvador havia acabado, então resolvemos ir para a micareta de Arembepe; era a segunda vez que para mim aparecia esse nome. Eu, que ia voltar na quarta para o compromisso com o banco, acabei ficando 30 dias por lá, uma parte na aldeia, outra em barraca, outra dormindo na praia, aquela coisa mesmo de Arembepe. Quem viveu sabe do que estou falando.

Voltei para São Paulo, encontrei outras pessoas que conheci em Arembepe naquele carnaval de 1972, já com a disposição de voltar, não queria mais ficar em São Paulo, não queria mais trabalhar lá. Arembepe tinha mexido com meu espírito, minha vida, com tudo. Eu e três amigos, então, montamos lá um restaurante, o Pérola Negra, onde conheci o Cândido. O restaurante ficou aberto alguns meses, uns não seguraram a onda e voltaram para São Paulo. Acabei ficando com o Missival Dourado, que depois abriu uma pousada e está lá até hoje, uma figura marcante da época. Recebi depois convite de Cândido para ficar na casa dele, que era alugada anualmente e estava livre. Ele estava indo para o Rio e para São Paulo vender seus trabalhos, e disse: "Vá morar lá!". Era a última casinha, ficava depois do coqueiral, entre o mar e o rio.

Fiquei em Arembepe até 1975, foi uma experiência maravilhosa, fiz minha cabeça lá, me deu régua e compasso.

A Pérola Negra ficou conhecida como a Casa dos Discos Voadores. Tinha a pintura de uma pérola negra saindo da concha. Os discos voadores pintamos depois. Era uma coisa de louco, os discos internamente e externamente. O nome veio da música de Luiz Melodia, cantada por Gal, que estava na moda naquele ano de 72. Nessa casa, que não tinha luz elétrica, me lembro de uma noite no salão, quando foram chegando várias pessoas e sentando, baseado rolando, e de repente havia, além de nós, brasileiros, dois africanos, chileno, argentino, uruguaio, americano e francês. Era uma Babel, uma aldeia de línguas.

Na própria aldeia havia roda que juntava às vezes sete línguas, uma loucura! O impressionante é que todos se entendiam perfeitamente. Foi uma vivência que se fez há 50 anos, houve compartilhamento e os egos foram deixados de lado. O planeta ainda vai viver isso. Numa ocasião, na aldeia, levantamos uma casa em um dia! Um foi pegar a palha, o outro foi trançar, alguém pegou o barro, cada um ajudou e, no fim do dia, a casa estava de pé.

Muita gente passou em Arembepe: Zé Agrippino e Maria Esther, o americano Robi, Kubero Garcia, pintor autodidata e músico de uma incrível banda argentina, que ele deixou no auge para morar com mulher e filho em Arembepe. Tinha cineastas, pessoas que a gente não sabia que eram filhos de famílias muito ricas ou gente famosa. De repente, alguém exclamava:

– Olha, vocês viram o Roman Polanski?

Não havia divisão, você não sabia quem era quem em Arembepe. A gente tinha um amigo incrível, Luiz Uruguai, uma pessoa participativa e que estava sempre nas rodas. Soubemos depois que era filho de um embaixador. Guillermo, chileno, amigo de Cândido, também era filho de embaixador e passou uma boa temporada conosco. Havia uma americana que sempre estava com a gente, depois soubemos que era de família riquíssima do sul dos Estados Unidos. Eram muitas pessoas chegando, também de todo o Brasil, muito gaúcho, gente de Mato Grosso, São Paulo, Rio e, claro, os baianos. Me lembro de um baiano que tocava e cantava muito. Cinco anos depois, andando pelas ruas do Recife, eu o encontrei – havia se tornado Hare Krishna.

Era uma loucura de gente. Quem tinha dinheiro botava na roda, bancava o pacote, os mantimentos ou o café em Dona Deja, uma pessoa que deu a maior força para os que chegaram. Tinha também um senhor de fora, mas morando em Arembepe, que comprava tudo que a gente fazia. Muita gente ajudava, Dona Duê e Seu José, Dona Maria, gente finíssima. Houve um congraçamento com os nativos.

Arembepe tinha duas fases. A primeira, o verãozão de dezembro a março, que era uma loucura, 24 horas mesmo, uma romaria, como a gente chamava. Desde o café da manhã às refeições, tudo era compartilhado, não tinha meu e seu, a coisa era bastante aberta.

De vez em quando apareciam os Novos Baianos; Gilberto Gil ia direto. O verão 72/73 ferveu, mas também foi o início dos problemas, muita gente, muito gringo, começaram os roubos, vagabundo mexendo com droga. Em 74/75, a gringalhada vinha para ser roubada. Aí foi o início da decadência, e a gente que morava perto parecia até que estava envolvida. Não parava de ter roubo e foi a partir daí que resolvi me mudar. Surgiu uma quadrilha por lá, que depois foi presa. Era o céu e o inferno, a terra, o mar, o cosmo, coisas boas pra cima e muita coisa pra baixo também.

Quando acabava o verão, todo mundo ia embora, o movimento era outro, ficavam os que moravam: eu, Missival, Robi, o pessoal da aldeia, as pessoas que viviam por lá. O dia a dia era fazer artesanato, e sábado e domingo vender em Salvador. O que se arrecadava se dividia entre todos. Cândido me incentivou a trabalhar com óleo e pinturas primitivas e eu ia a Salvador vender numa feira grande que tinha no Terreiro de Jesus. Faturava uma graninha e colocava na roda. A gente ficava na Pérola Negra e na casa de Cândido, que era pequenininha, recebia muita gente; a casa tinha coração de mãe.

Certo dia, a Polícia Federal chegou com muitos camburões e fez uma blitz. Entraram de casa em casa, não sobrou ninguém, foi uma loucura, levaram todo mundo, os gringos e os brasileiros. Fomos presos na madrugada e só nos soltaram à noite. Os gringos foram levados para a Polícia Federal, e nós, brasileiros, para a delegacia da Praça da Sé. Lembro que, quando nos soltaram, pegamos um ônibus até Itapuã e de lá fomos a pé para Arembepe, acho que dá uns 28 quilômetros. Passamos pelo aeroporto, por Lauro de Freitas e chegamos com o sol nascendo. Seguimos todos para a praia, sentamos e ficamos vendo o amanhecer. Depois fomos tomar café em Dona Deja, que era um costume.

Logo depois, eu, Paulo Montoro (que morava comigo no Pérola Negra), Cândido e Robi, todos de tamancos e batas, fomos falar com Antônio Carlos Magalhães, que nos recebeu muito bem. A partir daí, não mexeram mais conosco e tudo ficou calmo de novo

Uma coisa que me chamou atenção em Arembepe, parecia uma prática sobrenatural e religiosa, eram as pessoas caminhando para ver o sol nascer na praia e se pôr nas matas do rio Capivara. Era como uma religião, um gesto natural. Sempre grupos de dez a vinte pessoas juntas nesse ritual. Outra coisa característica eram as noites viradas. Logo ao entardecer, rolava um lisérgico e aí era cantoria, fogueira. Muitos amanheciam e já iam ver o sol nascer. Aproveitavam a praia, tiravam a roupa e ficavam. Aliás, a gente andava mais nu do que vestido.

Vou contar a história de um grande músico, conhecido como Frank, que morou na aldeia. Um dia de tarde, eu estava dedilhando as cordas de um violão, aprendendo, quando ele chegou e ficou só olhando. Eu o cumprimentei e nada. Ele ficou assim uns 20 minutos e foi embora, sem dizer uma palavra. No outro dia, de tarde, a mesma coisa: eu dedilhando o violão e ele de longe só olhando, olhando, não abria a boca, e depois ia embora. Isso aconteceu durante uma semana inteira: chegava à tarde e ficava mais ou menos meia hora olhando o meu dedilhar no violão, não falava nada, ficava só olhando. Depois de eu buscar referências sobre ele, disseram que era um maluco que morava sozinho numa casa da aldeia e não falava com ninguém. Até que, passados uns dez dias, ele, com gestos, sem falar nada, pediu o violão. Tocou e tocou, tocou de tudo, Nossa Senhora! Devolveu o instrumento e foi embora mudo. Isso aconteceu sucessivamente por mais dois ou três dias. Tocava e ia embora calado, até que perguntei:

– Você é mudo?

E pela primeira vez ele falou, dizendo não e pedindo uma água. Aí ganhei a confiança e ele começou a me contar a vida. Era um músico famoso, andava com Tim Maia, morou no sítio dos Novos Baianos. Havia tomado um ácido no ônibus com uma pessoa e essa pessoa o largou, em plena viagem, em um hospício no Rio de Janeiro. Ele ficou por lá, até que Tim Maia foi tirá-lo. Depois disso, pegou carona e foi para a Bahia, parando em Arembepe. Ele ia diariamente à nossa casa, tomava café, almoçava... Ficou meses assim conosco, até que um dia ele chegou, me pediu emprestado um cobertor e sumiu, ninguém mais o viu. Tempos depois, encontrei o Frank em São Paulo. Perguntei pelo episódio do cobertor, quando sumiu. Ele contou que naquele dia pegou uma carona e foi parar na Bolívia, via Acre. Passou pela Floresta Amazônica e atravessou a fronteira. Depois voltou a São Paulo, onde nos encontramos. Era um grande músico, uma pessoa sensacional, um ser de luz, que morreu há pouco tempo.

Sobre a prisão de Cândido, nessa ocasião ele encarou mais de dez dias na cadeia. Estava muito triste e então levamos para ele e seus companheiros de cela um bolo de chocolate. Todo mundo que estava na cela comeu. Mas era um bolo recheado de maconha, que, depois de meia hora, deixou todo mundo doidão. Foi aí que entenderam que bolo era aquele.

O que mais me fascinou em Arembepe foi a natureza, o céu, o mar, o coqueiral, o vento, o rio. Outra coisa que me fez mudar a cabeça foi o tempo. Eu venho de uma cidade grande onde tempo é dinheiro, a gente não pode perder tempo, a gente tem que correr atrás do dinheiro, ou seja, do tempo. Quanto mais dinheiro você ganha, você ganha tempo. Em Arembepe, foi o inverso com o tempo. Eu aprendi com o tempo a contemplar a natureza em toda a sua magnitude. Hoje, eu moro no Cerrado, que é natureza bruta.

Arembepe - Brasil

CACIMBÃO, A FONTE DA DIGNIDADE

Esta é uma história com final feliz, que começa lá no século XVI. A geolocalização é imprecisa, mas ela começa a 30 quilômetros do atual aeroporto de Salvador, Bahia, então a primeira capital do Brasil. Neste ponto da atual Estrada do Coco, foi fundada pelos jesuítas, em 1558, a Aldeia do Espírito Santo, habitada por índios tupinambás. Era uma das quatro primeiras povoações criadas pela Companhia de Jesus no Brasil.

Em 1792, Domingos Alves Branco, ex-capitão do regimento de Infantaria de Extremoz e escriturário, visitou a aldeia em missão e produziu a primeira planta iconográfica da Vila de Abrantes, antiga Aldeia do Espírito Santo. Em sua longa narrativa, Branco descreve que havia no trajeto uma estrada que levava a uma tal de Arembebe (curiosamente, até hoje muita gente troca o P pelo B, quando fala daqui). No meio desse caminho, estava o motivo desta narrativa: a fonte do Cacimbão, um poço de água limpa e abundante, descoberta pelos tupinambás e registrada pelos jesuítas. Uma fonte, então, escondida no meio da finada Mata Atlântica, que nesses cinco séculos já deu de beber a índios, padres, portugueses, escravos, lavadeiras, pescadores, hippies e, claro, a toda a comunidade de Arembepe, uma das sete praias do município de Camaçari.

No dia 14 de agosto de 2021, a mesma comunidade que cresceu fazendo fila, com as latas e panelas na cabeça, para colher a água de beber, vender e lavar roupa, acordou cedo para celebrar, rezar, dançar e cantar ao redor da fonte, transformada enfim no Parque Ecológico e Cultural Fonte do Cacimbão. A festa foi justa. A recuperação da fonte e a criação do pequeno parque são um exemplo extraordinário de como uma comunidade unida pode resgatar sua força e dignidade. A revolução foi rápida, como deveriam ser todas as revoluções.

No início de 2021, com todas as restrições impostas pela pandemia, o pescador e ambientalista Rivelino Martins, 50 anos, nascido e criado aqui e conhecido como o maior pescador de robalo da região, passou pela fonte e descobriu que o terreno onde ela está havia sido invadido por grileiros com a intenção de fazer um condomínio clandestino. Uma tragédia. Um horror.

A fonte que tinha dado de beber a tanta gente fora "deixada de lado" pela população a partir dos anos 1990, quando a água encanada chegara às casas do vilarejo. "Bebi a vida toda a água do Cacimbão, não tive sede por causa dela. Minha mãe, Bernardina, e minhas madrinhas usavam a água para lavar roupa e ganhar dinheiro, eram as 'ganhadeiras' de Arembepe. Como é que eu podia ver aquilo e não fazer nada?", lembra, emocionado, Rivelino.

"Chamei os amigos, os moradores do bairro e nasceu o grupo dos Guardiões do Cacimbão. Somos umas 25 pessoas, mas valemos por muitas mais". Com rapidez, agilidade, apoio da Prefeitura de Camaçari e da Polícia Militar de Arembepe, o grupo conseguiu expulsar os invasores. A providência seguinte foi cercar e demarcar o terreno, que em nada se parecia com um sítio histórico e ecológico. Estava com cara de terreno baldio, sujo, devastado e triste. Graças aos Guardiões, isso é passado.

A revolução foi possível porque Rivelino e seus Guardiões estão na luta há muito tempo. Ele é um dos ativistas mais engajados da Associação do Coqueiro Solidário. Foi, inclusive, graças aos coqueiros, que descobriu a militância ambientalista. "Minha família sempre morou na Praça dos Coqueiros de Arembepe e há alguns anos os coqueiros antiquíssimos começaram a morrer e a cair. Decidi fazer alguma coisa e comecei por minha conta a replantar novos coqueiros na praça. Da praça, fomos para a praia. Só no ano passado, logo que começou a pandemia, aproveitamos que estava tudo vazio e replantamos mais de mil coqueiros entre a Aldeia Hippie de Arembepe e o emissário, reflorestando uma área de duna que estava sendo destruída pelos jipeiros 4x4", conta.

Na fonte do Cacimbão, a ação foi semelhante. Os Guardiões não perderam tempo. Terreno cercado, o grupo tratou de reconstruir o espaço. Em fevereiro de 2021, se reuniram para começar a limpar a fonte. Tiraram barro, sujeira, lixo. No dia seguinte, de novo. Mais faxina dentro e fora do poço. Com um trabalho de mutirão, bomba e força, antes do fim do mês jorrava água cristalina e todos os que trabalharam duro festejaram com um emocionante banho comunitário. Felizes como as crianças que lá atrás beberam da centenária fonte.

A união, a força e a alegria da comunidade foram recompensadas no dia seguinte com a indicação de um vereador local, Deni de Isqueiro, para o tombamento do lugar como patrimônio público e histórico. Nascia, com aprovação de todos os vereadores de Camaçari, o projeto do Parque Ecológico do Cacimbão.

O movimento foi crescendo feito uma linda e poderosa onda no mar. Nos perfis de Rivelino nas redes sociais registram-se as mensagens dos amigos avisando que vão tomar banho no Cacimbão. Depois, aparecem os registros das pessoas se banhando e festejando a volta da fonte que sempre fez parte da vida da Praia de Arembepe.

"O resgate da fonte do Cacimbão trouxe de volta também a nossa dignidade como morador, nativo e ativista. Acordamos. Hoje temos um sentimento de pertencimento. Descobrimos que juntos fomos fortes mesmo. E que precisamos fazer de tudo para preservar a nossa vila, que é a nossa casa", diz Rivelino, considerado no grupo o mestre griô (indivíduo reconhecido pela comunidade como representante dos saberes da cultura tradicional).

Bastou começar. Sem muita resenha, os moradores foram chegando para ver, lembrar, contar histórias, tomar banho, limpar, carpir e plantar. Os comerciantes locais, nativos ou não, também se engajaram. Em março de 2021, Domingos Martins, o popular Picudo, doou as duas primeiras caçambas de areia branca para demarcar o espaço da fonte e o início da trilha do parque. Com a área toda limpa, os Guardiões celebraram com um feijão reforçado mais uma conquista. Depois da areia, chegou o cimento para refazer a fonte, a madeira, doada pelo empresário arembepeiro Valter Santiago Figueiredo, o Nego, para construir um quiosque sobre o local e fazer bancos ao redor.

Graças à limpeza do poço, a água foi ficando transparente, límpida e até parece estar brotando com maior intensidade. Os apoios também cresceram com a força d'água. Os Guardiões têm a benção e proteção do comandante da Polícia Militar local, Major Presa, do padre Christian, da quase paróquia de São Francisco, da Dona Beth, mestre de Cultura, da Dona Clarice, a enfermeira mais antiga da cidade, do Ró, o mestre da Chegança, de Dona Ilce, a rezadeira mais antiga de Arembepe, da música e voz do cantor e compositor Pincel. Enfim, uma fila de pessoas que fazem parte da história e da vida desse vilarejo. Todos beberam da fonte. Todos têm memórias lindas e emocionadas do tempo em que faziam fila para matar a sede.

A festa de 14 de agosto de 2021 foi prestigiada. Contou com vereadores, políticos, formadores de opinião, ambientalistas e nativos. Nas rodas, a conversa era alegre e afirmativa. Exaltava-se a força desse movimento e discutia-se sobre como replicar em outros lugares a iniciativa. "Vamos criar os Guardiões de Abrantes, Guardiões das Dunas, Guardiões da Aldeia", ouvia-se, repetidas vezes. A comunidade estava fascinada com a descoberta da força que brotou junto com a água. Eles podem mudar Arembepe. Eles podem mudar o mundo. Como dizia o padre jesuíta Antônio Vieira, que provavelmente também matou a sede com Cacimbão em suas andanças pela Bahia no século XVII: "Para falar ao vento, bastam palavras; para falar ao coração, são necessárias obras". Mãos à obra, Arembepe.

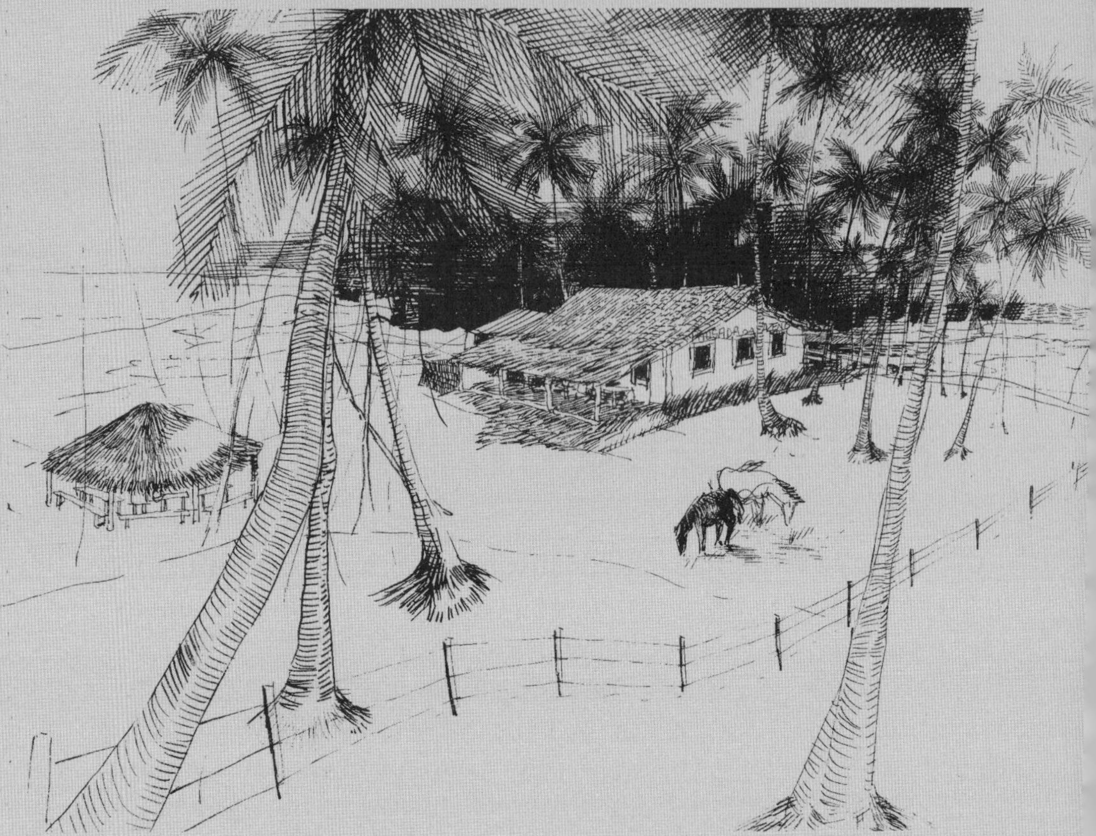

O FIO DA MEADA
POR MARA KALIL

Final de 1965. Eu, meu pai e minha mãe fomos apresentados a Arembepe através de um colega do meu pai, da Petrobras, para alugar uma casa de veraneio e aproveitar as férias escolares. Minha mãe dizia que criança precisava de um lugar para passar férias, já que morávamos em Salvador. Tenho gravado na mente e no coração o meu encantamento por aquele paraíso! Uma praça cheia de coqueiros me acolheu e fiquei envolvida pela energia do local. Olhar o céu, o mar, a areia, a brisa e aquela imensidão me fizeram sentir ter encontrado meu lugar na Terra. Só tinha 9 anos e fiquei extasiada.

No verão de 1966, o sonho tornou-se realidade. Estava em Arembepe, em meio a pessoas diferentes no falar e com hábitos encantadores, que viviam em casas simples, algumas de palha de coqueiro e o chão de areia – e, quando havia banheiro, era usado por poucos. As pessoas comiam peixe todo dia, pois, como não havia energia elétrica (era o melhor de tudo), a pesca era diária e os peixes, frescos, às vezes chegavam vivos. Durante as manhãs e fins de tarde íamos à praia, tomávamos banho nas lagoas e nos rios, sentávamos ao lado da igreja ou no Cruzeiro, onde a noite era o lugar de encontro dos adolescentes para cantar, namorar e *otras cositas más*... rsrs.

Catar frutas nos arredores era uma alegria. Não se vendiam mangas, cajus ou mangabas, a gente ia pegar no mato, assim como gajiru, piunça e frutas e flores do campo. Aprendi a pescar chicharro, comprava vara, linha e anzol em Dona Duê e Seu Zé (lindos). Aprendi a assar castanha-de-caju sem me queimar, e também a pedir peixe pequeno aos pescadores, principalmente Seu Quelé, que eu chamava de Seu Pajé – e ele me dava um monte de peixinhos, que eu levava para minha mãe preparar e a gente se deliciar com arroz papa, farofa de manteiga e o chicharro frito. Os pescadores eram nossos amigos e mestres! Pra mim, eles sabiam tudo sobre o mar, e eu viajava nas histórias contadas sobre sereias, pescarias e tempestades que enfrentavam. Nas noites de raios, trovões e chuva, era difícil pra eles, e, quando havia perigo, o sino da igreja era tocado. Confesso até que, junto com meu amigo Ribeirinho, tocávamos o sino e saíamos correndo... Coisas de criança da época, mas dava um bem-estar incrível...

O jantar era servido antes de escurecer. Depois era o momento de sentar ou deitar nas esteiras da porta de casa para ouvir os mais velhos contar causos, ver estrelas e naves. O sono chegava cedo com a música dos coqueiros ao vento, e nas madrugadas de aguaceiros era um furdunço dentro de casa para fugir das goteiras. Batia o medo dos raios e trovões, comuns no verão.

Mas o dia chegava claro e brilhante e o mar nos esperava. Esses dias me faziam ciente de que aqui era o meu lugar. Implorava chorando, a cada volta para Salvador, que meu pai tinha que sair do emprego e ser pescador só pra gente morar nesse paraíso. Mas ele só veio para cá depois de aposentado. Vivia em dois mundos: na Vila Laura, em Salvador, uma fazenda onde eu todo dia ia colher cajá, manga, tamarindo, oiti, e em Arembepe, onde a vida era perfeita e cheia de novidades. E nesses dois mundos fui muito feliz, principalmente pelo contato com a natureza.

O tempo passou e Arembepe foi ficando cheio de gente de vários lugares do mundo, os hippies chegaram para colorir a vida e mostrar outras direções. Alegria, histórias, música, gente diferente, de alma artística, que se encantava com o pôr do sol, com a lua, as estrelas e as naves espaciais. O céu nunca foi tão observado! Fui uma das veranistas que se encantou com as ideias deles... Aos 15 ou 16 anos, estava namorando um hippie. Um amor impossível para minha mãe aceitar, e começou então a perseguição... Perdi a pouca liberdade que tinha, e de vez em quando rolavam uns tapas. Inesquecível esse amor de adolescente. Ele se foi, prometendo voltar pra me buscar quando fizesse 18 anos. Voltou. Estava noiva e me faltou coragem de deixar tudo para trás. Mas a vida tem dessas coisas, e hoje, 40 anos depois, através de Sérgio Siqueira, reencontrei o cara. Não sei no que vai dar, mas está muito bom reviver essas lembranças de um período tão marcante na vida de tanta gente.

O movimento hippie trouxe cor, luz e esperança, além de uma forma pacífica de mudar o mundo com seus conceitos. Liberdade de sonhar, cantar, vestir e buscar realizações pessoais. Eu usava batas, pulseiras e sandálias de couro cru como forma de mostrar que também era hippie, mas não tive coragem de deixar minha família e botar o pé na estrada. Meus pais eram severos, mas o amor deles pelos filhos era maior que tudo e hoje sei que deve ter sido difícil para eles ver sua filha mais velha cair no mundo onde havia drogas e dificuldades de sobrevivência. Foram cuidadosos com minha educação moral e me deram uma vida equilibrada e simples. É difícil quebrar as correntes que nos aprisionam, quando temos a proteção da família, e terminamos por abdicar dos sonhos mais lindos. Mas, com a vivência nesses dois mundos, eu aprendi a valorizar a vida sob todos os aspectos. Aprendi que tudo tem dois lados e essa compreensão me fez trilhar segura na direção do que queria. Aprendi também que o corpo pode ser aprisionado, mas a mente não, só se a gente permitir. A beleza da vida está no modo como a enxergamos e no amor que somos capazes de sentir. Os anos 70 foram decisivos na trajetória das pessoas, porque trouxeram paz e amor, revolução nos valores, angústias e vícios, e lucidez e loucura quanto a outras dimensões.

Aprendi que podemos viver de forma alternativa: as escovas de dentes eram um galho desfiado de aroeira, o óleo de coco servia para tudo. Lavar roupa no rio é terapêutico, e em qualquer lugar podemos ter nosso modo de viver, com nosso estilo de vida. Sentir a natureza através de um pôr do sol, respirar ar puro, pisar na terra, plantar, abraçar árvores, pedalar a bike, tudo isso só tem importância quando o nosso olhar vem do coração. Ver sem enxergar é muito comum. As lembranças estarão sempre vivas e gravadas em minha alma em forma de sentimentos, que me servirão como força propulsora na caminhada pelo mundo, continuando a me encantar com o novo e ressignificando o que preciso para continuar leve e feliz.

Em Arembepe vivi várias fases da vida e pude proporcionar a meus três filhos lindos e meus netos a oportunidade de viver em conexão com um Deus que se manifesta através da natureza e de tudo que existe. Viver como se estivesse de férias é muito bom! Dar um mergulho no mar antes ou depois do trabalho, andar de bike, encontrar os amigos para jogar conversa fora, rir de alguma loucura que vemos...

A presença dos hippies me mostrou possibilidades em várias áreas da vida. Os nativos me fizeram voltar o olhar para as coisas simples como sentar no chão, numa pedra ou em um toco de pau para assar o peixe que no dia seguinte vai ser preparado de moqueca – ou "escardado" – ou para torrar castanhas na "baixa"; pegar água de beber no Cacimbão para encher a talha e a moringa; ir à aldeia conversar com os hippies, vê-los nus com naturalidade; comprar ou ver os artesanatos; ou ler um bom livro na beira do rio. A quietude da aldeia para lavar roupa e fritar carne-seca para comer na hora da fome depois que mangas, cajus e mangabas já não nos satisfaziam; subir e descer as dunas caindo na água do rio; recolher as roupas secas e cheirosas e botar na bacia para levar de volta pra casa depois de um dia espetacular... e muitas coisas mais.

Arembepe hoje não tem rios e lagoas como antes, suas praias estão cheias de gente que não ouve o som das ondas ou da brisa no coqueiral. Mas ainda tem recantos onde posso vivenciar e relembrar minha geração alegre, feliz e que falava de paz e amor, mesmo na loucura da ditadura. Como sofri com a chegada da Tibrás, da estrada e da energia elétrica! Chorei! Mas sinto gratidão por ter vivido em outro momento coisas incríveis. Ainda posso sentir a areia morna sob os pés, o vento do mar trazendo ar puro, a beleza de um pôr do sol, a paz da Aldeia Hippie, o peixe fresco, os amigos de antes, e com minha bike vou pedalando e sentindo o quanto essa energia faz parte do meu ser, me deixando feliz e harmonizada com o mundo e as pessoas. A minha viagem agora é para dentro do que há de melhor da vida, transformando todas as vivências em energia de entusiasmo nas realizações que nem sonhava que poderia ter. E tudo isso vem da gratidão por ter vivido nos anos 70, em Arembepe, em Salvador, na Bahia. E a loucura continua na paz, amor e beleza da vida!

> Naquela época, minha mãe tinha mania de me chamar pelo nome Maria Cleonice, que eu odiava, justamente na hora em que estava com a turma cantando e ouvindo música na praia. Ela perguntava bem alto: "Maria Cleonice, cadê você? Hora de ir pra casa, é tarde!". Aí eu imitava a voz de outra pessoa e respondia: "Aqui não tem ninguém com esse nome!". Então ela saía reclamando: "Onde andará essa menina? Amanhã não sai mais!". E depois que ela saía, a galera perguntava: "Quem é essa Maria Cleonice?". Eu respondia: "Quem sabe? Conheço não". *(Mara Kalil)*

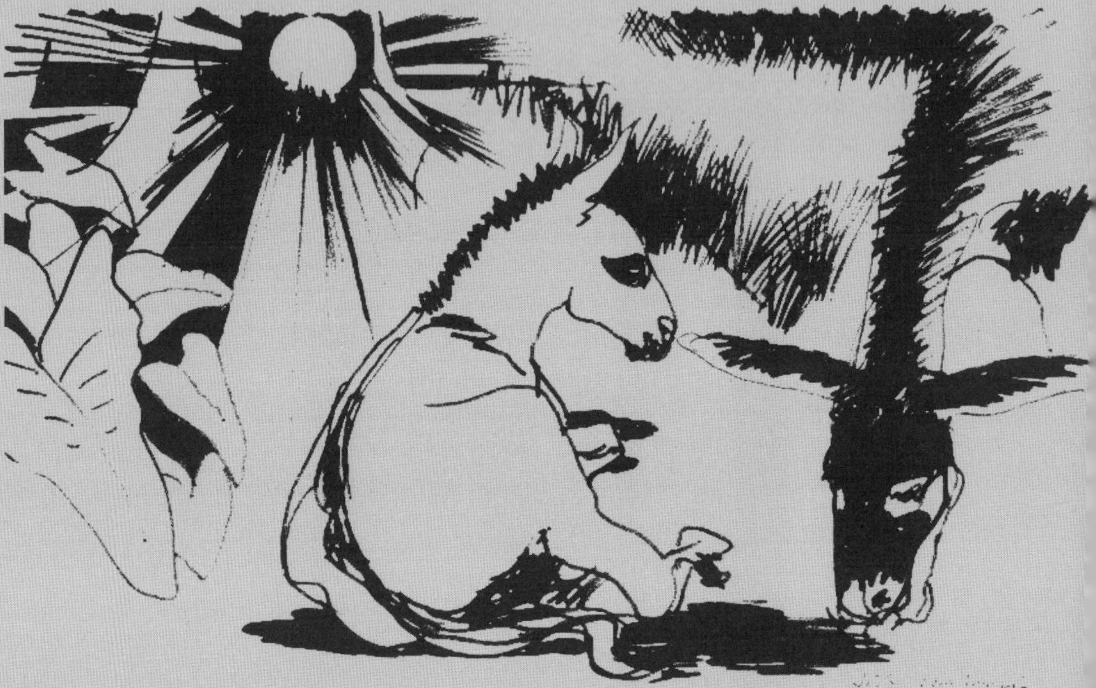

O CINEMA SOLAR DE CÂNDIDO

A chegada de Cândido de Alencar em Arembepe é por ele relatada com as tinturas dramáticas de uma epifania: "Quando as portas do carro se abriram, vi-me literalmente ajoelhado na areia brilhante, iluminada pela lua, acompanhada por milhares e milhares de estrelas, dentro de um coqueiral imenso. Me lembro do silêncio em que ficamos diante daquele deslumbramento, junto com os sons do mar e dos coqueiros, com um vento morno sobre nossas cabeças. Aquilo era real! Então eram daquele jeito os êxtases que os santos sentiam diante da presença do altíssimo Deus, Alá ou Jeová? E era real!".

Cândido fez história em Arembepe. E uma instalação que deu o que falar. O site Aldeia Hippie de Arembepe fala do cinema solar, ou universo paralelo, que consistia em um buraco quadrado numa das janelas do quarto de sua pequena casa, todo revestido de um paraquedas branco formando um fundo infinito. O sol entrava através do buraco em determinado período do dia, e do lado de fora um menino, em posição estratégica, manejava um espelho, direcionando os reflexos solares para dentro do quarto. Lá, Cândido manipulava objetos e sons que davam vida às formas projetadas nesse fundo infinito, estimulando o espectador a uma viagem psicodélica. O cineminha ganhou fama a partir do dia em que lá apareceram o diretor de cinema polonês Roman Polanski e os atores americanos Jack Nicholson e Dennis Hopper para assistir à experiência sensorial.

No livro *Anos 70 Bahia*, um dos 200 coautores, Gustavo Augusto, acompanhava a dupla e conta que entraram para assistir, além de Polanski, Nicholson e Hopper, Jessel Buss, Yoya Wursch, a astróloga Maya e Gerard Leclery. Gustavo confirma que o filme projetado com a luz do sol era movido por um jogo de cristais e água, e que o cineasta, os atores e os acompanhantes chegaram em Arembepe numa Kombi do governo do estado da Bahia.

> Mensagem de Cândido recebida no Alto do Militão, no Capão: "Caro Sérgio, aproveitando uma tarde molhada por uma constante e fria chuva, começo o prometido discorrer da minha 'experiência de quase uma vida' na Praia de Arembepe, onde eu era feliz e sabia". O depoimento de Cândido integra o capítulo "Aquilo que nos envolve", do livro *Aldeia Hippie de Arembepe*[19].

O relato de Cândido:

Belo Horizonte foi o roteiro de minha criação, onde estudei e me formei em artes plásticas, indo para São Paulo no início dos anos 60. Uma cidade em efervescência histórica e cultural nunca vivida, arrodeada por uma ditadura que, querendo ou não, deu a "levedura criativa" em uma época de perigo e sobrevivência.

No meio das artes, em que amigos eram presos e torturados, quando não mortos ou desaparecidos, recebi um convite da amiga Judy, filha de Nilda Spencer, para a passagem de ano em Itapuã. Aonde? Na casa de Vinicius de Moraes! Onde reinava o que de melhor podia acontecer a um jovem tímido, provinciano e mineiro. Senti a liberdade e um fascínio alimentados, claro, por estados de consciência lidos e relidos no livro As portas da percepção, de Aldous Huxley, acompanhado pelo fascinante e novo O despertar dos mágicos.

Após uma noite de calores e cores baianas, levaram-me para conhecer uma praia ali pertinho, muito falada pelos iniciados ou iniciantes, chamada Arembepe. Éramos cinco malucos num Citroen verde que só tinha o banco de Jonas, o motorista, e nos acomodamos empilhados no chão. De Itapuã até a chegada, demorou intensos 20 minutos. Era uma noite calorenta e chegamos molhados de suor. Tí-

---

19 Ver nota 2.

nhamos levado comidas e bebidas com a intenção de passarmos lá a noite. Enquanto isso, saímos em peregrinação entre as casas sem luz elétrica, iluminadas por candeeiros e luzes de velas. Dormimos na praia, de frente para o mar.

Ao acordar, o deslumbramento continuava. Passamos pelas casas dos nativos, entre estranhamentos e curiosidades com aqueles gringos que vieram não se sabe de onde. Para encurtar a conversa, consegui naquele mesmo dia alugar uma casinha, a última do lado leste, de frente para o mar e atrás dando para o rio que passava diante da vila. Nesse rio de águas transparentes, eu me banhava e lavava as louças e panelas, enquanto centenas de lambaris vinham em busca das sobras do arroz integral. Também lavavam suas roupas no rio as mulheres das casas vizinhas, entre cantos e barulhentas conversas. Nessa casa, passei três anos, ou melhor, mais de mil dias.

Acredito que o meu trabalho, a minha casa e as pessoas que por lá passavam começaram a chamar a atenção das autoridades, não esquecendo que estávamos numa ditadura militar. Os fatos que vou agora narrar confirmarão isso.

Num fim de tarde, apareceram três pessoas em minha casa, chilenos. O casal Rosa e Xandre (Alexandre) e Lhermo (Guilherme). Pessoas belas e leves, com as quais me senti logo à vontade. Rosa estava grávida de cinco meses. Eles não tinham conseguido lugar na vila para ficar, e alguém me indicou. Não precisaram nem pedir e já ofereci hospedagem. Na minúscula sala, ficamos Lhermo e eu, e, no quarto do paraquedas, o casal. Permanecemos juntos mais de uma semana, harmoniosamente. Estávamos felizes e irmanados, quando, numa madrugada, fomos invadidos pela polícia, armada de fuzis. Permanecemos tranquilos, sem nada temer, enquanto eles revistavam a casa inteira com brutalidade. Nada encontraram de drogas ou armas e até fizeram chacota sobre isso, mas implicaram com os três amigos, por serem estrangeiros. Lhermo e Xandre eram filhos de embaixadores de Allende, perseguidos pelo golpe militar. Isso não fazia nenhuma diferença na qualidade da amizade que formamos, de admiração recíproca, mas fazia para a polícia, e depois para o Exército. Ficamos todos sob suspeita de subversão, fomos levados para interrogatório e caímos na maior cadeia de Salvador, numa cela junto com oito homens. Rosa, eles deixaram permanecer na nossa casinha em Arembepe.

Na cela, fomos respeitados e recebemos um bom tratamento dos outros presos, que nos olhavam a princípio com desconfiança, claro, mas depois com curiosidade e admiração. Saíamos da cela só para o almoço coletivo prisional. Um dia, depois de oito dias preso, não tive ânimo para sair para o almoço e, sozinho, reparei um livro que Xandre sempre carregava, aberto em uma página, sobre sua esteira no chão. Com curiosidade, li o cabeçalho da página aberta: "A lei do karma: causa e efeito". Não consegui mais parar de ler até a chegada dos presos, após o almoço. Uma mudança havia acontecido. Causei estranheza ao receber os amigos vindos do almoço. Diferente de quando eles me deixaram na cela, recebi-os excitado e muito alegre. Percebendo que alguma coisa acontecia, Xandre me chamou discretamente para uma conversa. Contei-lhe sobre a leitura da página de seu livro aberto, e o "efeito de revelação" que tinha me causado. E ele respondeu simplesmente: "Você recebeu uma graça!"

A partir daquele dia, as coisas começaram a mudar na prisão. Recebemos a visita de um advogado, enviado pela "fada madrinha" Judy Spencer, que conseguiu nos tirar de lá. Percebemos uma certa tristeza com nossa saída por parte dos companheiros solitários e solidários de cela, pois acho que trouxemos a eles alguma mudança com o nosso convívio naqueles dias juntos.

Lembro-me também da surpresa e da emoção ao encontrar Rosa nos esperando fora da cadeia, no Land Rover, e do choro dos meus amigos ao entrarmos no carro, ao som de Imagine, do John Lennon, tocado nas alturas pela orla da praia em direção a nossa casa em Arembepe. Conseguimos combinar sobre os honorários salgados do advogado para nossa desesperada saída.

Rosa nos recebeu com a casinha limpinha e enfeitada, apesar dos estragos causados pela polícia – roubos e o material de cinema quebrado, além de levarem objetos pessoais na suspeita de que descobririam subversão. Estávamos felizes e livres novamente e o cotidiano voltou.

Passado algum tempo, os amigos foram embora. A intenção deles era viajar para a Grécia num veleiro, previamente combinado. Eles, com muita insistência, me chamaram para ir junto, mas eu precisava ficar para descolar a grana do advogado; a dívida era alta. Continuei em Arembepe por um bom tempo, enquanto viajava em busca de trabalhos, encomendados, como sempre, em São Paulo e Belo Horizonte.

Um dia recebi em minha casa Fabrício Pedrosa, amigo de Gilberto Gil, além de Walter Smetak e Roberto Pinho, falando de um projeto que estava acontecendo para ser em Brasília, chamado "Refazenda". Fabrício era arquiteto e lá morava e tinha escritório. Ele estava pensando em mudar para um sítio nas redondezas da cidade, com a mulher e três filhos. Em Brasília, era amigo do general Uchoa, conhecido pesquisador de OVNIs. Fabrício era entusiasmado por estes assuntos, assim como o seu compadre Gilberto Gil. Ficamos amigos e isso abriu uma nova perspectiva de vida, de mudanças e principalmente de aventuras.

Assim foi terminado meu ciclo na saudosa vila de Arembepe e na Bahia, começando uma nova fase de vida, ao me mudar para uma casinha construída especialmente com sala para cinema solar e tudo mais, no sítio São José, quilômetro zero entre Brasília e Goiânia. Fiquei morando com a família Pedrosa, recebendo visitas com frequência de pessoas ilustres, como Caetano, Gil, General Uchoa, Cat Stevens e, por que não, extraterrestres.

Troy Antunes Troy – Curti muito na aldeia. Nessa época, tinha um francês que morava lá com a mulher e o filho, não me lembro o nome, mas ele fazia umas projeções com um projetor à luz de vela com umas pedras na frente da lente. Ele projetava várias imagens muito loucas na parede do barraco, eram viajantes!

Ely Britto – Era o Cândido! Na nossa casa redonda do vô, seguíamos de longe esse movimento, mas tínhamos filhos para criar. Hoje moro no sul de Minas, em uma ecovila que fundei... Os filhos seguem suas vidas e o Cândido criou uma comunidade aqui bem perto de onde moramos... Esse movimento hoje é sem corpo ou região, agora é nunca como antes, um movimento de sobrevivência que não se resolve simplesmente porque amamos a liberdade. Há que se fazer escolhas... Estive na casa do Cândido, vendo a vida por esse buraquinho na parede, nossa mídia natural, quando o sol se pondo mostrava seu esplendor transformador. Éramos poetas, cada um tentando fazer da vida um grande show do futuro que cada um sonhava!

Sérgio Siqueira – Cinema solar, também não participei, só de passagem. Estive uma vez na sua casa redonda, são boas histórias. Fiz aquela aventura de trem a Machu Picchu, conheci Itacimirim ainda fazenda, Trancoso no tempo de sonho. O planeta nunca precisou tanto de sonho, num momento em que tudo ficou velho.

CASA DE CÂNDIDO

JOHN CHIEN LEE
ENTREVISTA VIRTUAL
CONEXÃO VALE DO CAPÃO (BA) - BARCELONA

Sérgio Siqueira – Conheci virtualmente John Chien Lee na época em que eu escrevia com Lula Afonso um artigo para um livro coletivo, inserido num projeto de preservação da Aldeia Hippie, que envolvia a concessão de título das terras aos moradores, consertar casas e delimitar toda a área, preservando-a da devastação que tomou conta de Arembepe – inicialmente com a poluição da Tibrás, nos anos recentes com invasões e descaracterização, comprometendo o diferencial mais precioso da área, o ambiente maravilhoso, único. Isso já tem mais de ano e tudo era capitaneado pelo planejador Waldeck Ornellas, que se retirou do projeto, não sei os motivos. Soube que o livro está impresso, mas não foi distribuído. Aconteceu a pandemia e tudo ficou incerto.

Em maio de 2020, Lee disponibilizou, generosamente, uma nova safra dos seus desenhos sobre a Arembepe de meio século atrás. Como ele diz, são desenhos bastante íntimos, que retratam o dia a dia daquela aldeia escolhida como pouso por viajantes da contracultura, e é especialmente bom mostrar e conversar sobre isso nestes tempos sombrios em que as janelas do sonho estão sendo fechadas.

Trechos do depoimento de John Chien Lee:

A chegada

No princípio dos anos 70, eu era um jovem e bem-sucedido publicitário de São Paulo, sócio de um estúdio boutique, com uma belíssima namorada, apartamento, carro, moto etc. Enfim, com uma excelente posição econômica e social, mas, apesar de tudo, sentia uma insatis-

fação interior, além de estar revoltado e impotente com a situação política. Vivíamos em plena ditadura militar! Renunciei a tudo o que tinha, e tal era minha certeza que não senti nenhuma pena em me desfazer dos bens materiais e da minha vida em SP.

Quando conheci Arembepe, através de um amigo, foi amor à primeira vista. Aluguei uma choça no coqueiral justo em frente à casa do Cândido, a poucos metros da praia. Foi encontrar um sonho feito realidade.

Minha casinha estava no meio do coqueiral de Camaçari, do lado oposto à aldeia, e minha convivência diária era com os vizinhos: o Cândido, sem dúvida um personagem que me impressionou muito; o Robi, um hippie norte-americano que dizia que o problema de Arembepe era justamente os hippies... rsrs; o Fernando, um executivo que trabalhava em Salvador e virava hippie quando chegava em Arembepe; o Missival, personagem imortal, dono da Pousada da Fazenda até hoje; a Dona Coló, dona da pensão com seu nome, que me alimentava todos os dias e me livrou de mais que um aperto; a Dona Deja, dona do bar também do mesmo nome e ponto de encontro na vila, uma das primeiras a entender e defender os hippies na comunidade; e a Sandete, minha querida musa e amiga até hoje. Enfim, muitíssimas outras pessoas incríveis que moraram e passaram pela aldeia.

Mas houve um caso fora de todo o contexto, que muito me surpreendeu: o chefe do tráfico naquela época era o Alcapone (que teve um trágico final), um personagem temido e respeitado, que fornecia todas as drogas à comunidade. Ele não me conhecia, mas queria falar comigo com urgência. No dia em que nos encontramos, ele simplesmente queria dizer em pessoa o quanto estava emocionado com uma placa que eu havia feito recentemente para a pensão da Coló, com a pintura de um personagem de um peixe engraçado que era o próprio, pescando dentro de um saveiro no meio do mar (e que, francamente, nem me lembro dos detalhes). Aquela imagem o tinha levado a uma autêntica trip *(sem drogas, ele disse... rsrs). Agradeceu muito e disse que era meu fã! Quer dizer, entre tanta gente incrível, foi um personagem como ele que mais sensibilidade demonstrou. Acho que esse foi um dos motivos por não ter tido nenhum problema marginal durante toda a minha estadia ali... rsrs.*

> Fazer um *sketchbook* foi uma forma de gravar para sempre aqueles momentos e lugares maravilhosos. Guardei os desenhos por muito tempo sem intenção de ser cronista, pois os considerava algo muito íntimo. Nos tempos fundamentalistas atuais, é uma satisfação que esses desenhos possam contribuir para resgatar uma realidade quase mágica e que sirvam como uma homenagem às figuras e aos lugares retratados. *(John Chien Lee)*

A relação com a comunidade

Acho que houve um choque cultural, pois, se os hippies já chocavam toda a sociedade das grandes cidades daquela época, imagine em uma vila primitiva como era Arembepe. Foi um exemplo de convivência, de tolerância e de boa vontade de ambas as partes. Especialmente daquela geração de nativos que tiveram o mérito, fizeram o esforço de aceitar e compreender positivamente toda aquela forma de vida tão exótica e chocante com os seus próprios valores já estabelecidos.

Também é uma prova de que "paz e amor" superam qualquer barreira física, emocional e preconceitual, apesar das aparências, das drogas e atitudes revolucionárias da época. Valores mais preciosos do que nunca em um mundo cada vez mais fundamentalista.

Artur Carmel – Conheci Arembepe aos 16 anos, em meados dos anos 70... Fiquei pirado com o mar, o luar... Não é que eu soube, recentemente, que meu falecido pai, um caretão radical, tinha ido lá, em meados dos 60?...

Rina Rojas – Maravilha de desenhos, delicados, sonhadores, como éramos na época.

Fred Góes – ESPETÁCULO!

Sérgio Siqueira – Fred Góes, nosso primeiro passeio foi Arembepe, me lembro que você ficou louco com aquela paisagem e o mar em poças, a maré tava vazia!

Sandete Ferrão – Escrevi um livro: "Eu e o universo somos um", que conta algumas coisas desse período.

Mônica Padui — Sandete Ferrão, flashback total, lembro demais de você, John Chien Lee, Maria Esther e Agrippino, Cândido, Zé Luiz, Robi (era meu namorado, eu com 18 anos, hippie boutique, como me chamavam, com mesada do papai)...

Sonia Dias — Que beleza de resgate, Sérgio!!!! Os desenhos de John Chien são sensacionais, que belo traço nesses registros! Emocionada com a fidelidade da vista pela janela da pensão de Coló!!! E o incrível é a inexistência do tempo. Olhando os desenhos, entrei no túnel do tempo e saí revigorada, plena com as emoções daqueles momentos tão bem vividos. Alegria pura, bela magia nestes tempos de escuridão!

Rosa Villas-Boas — Lindo, hoje fui a Arembepe comprar peixe, saudades dessa Arembepe que tanto curti. Tenho dificuldade de reconhecer, às vezes acho que são dois lugares diferentes.

Raquel Souza — Minha mãe vendia frutas e legumes em frente de onde hoje fica o prédio do Bradesco. Depois ela colocou uma grande barraca de tábuas ao lado do Hotel Arembepe e da Casa da Ciça. Por onde anda Ciça, que nos ajudou bastante? Dona Mulata e Seu Nego também nos deram uma força tremenda. Morávamos na avenida de casas de Seu Mano, perto da sede dos pescadores, onde minha mãe e minhas tias iam curtir as festas de radiolas com caixas potentes ao som de Bee Gees, Tina Turner e outros grandes nomes dos anos 70. De 77 a 80, fui muito feliz em Arembepe. Nunca deixei de frequentar, porque tinha e ainda tenho muitos parentes lá. Velho Ciba, o Cibinha da Bahia, pescador nativo, meu tio, morreu há alguns anos, com idade de quase 100 anos... Enfim, se for contar minhas lembranças, será um livro... rsrsrs. AMO AREMBEPE!

Salomão Zalcbergas — Lembrei-me do set de filmagem de Glauber no filme *Deus e o Diabo na Terra do Sol*... Um barraco de palha com escoteiros acantonados... Oportunidade de conhecer naquela época esse paradisíaco local, para onde fomos levados pelo chefe Antônio, do grupo de escoteiros do mar Almirante Tamandaré (Sesc Nazaré). Eu era um dos fotógrafos da filmagem!

CASA DE ROBI

MICK JAGGER EM AREMBEPE: MINHA PRIMEIRA FAKE NEWS
CLAUDIA GIUDICE

Nunca fui hippie. Careta e paulistana, o que para muitos é sinônimo, trabalhei 30 anos como jornalista. Juro pelo meu filho e por meu MTB (registro profissional da categoria) que sempre fui seríssima. Fui. Descobri no fim de 2019 que sim, pequei. A história é boa, por isso vale e, talvez, o pecado tenha perdão. A motivação foi meu amor por Arembepe e o desejo de fazê-la mais conhecida, interessante e desejada.

A primeira vez que ouvi falar desse umbigo do mundo foi na música do Moraes Moreira, *Assim pintou Moçambique*.

De dia não tem lua,
de noite há luar.
De Arembepe a Itapagipe,
da Ribeira a Jacuípe.
Tudo é lindeza.

Curiosa, decidi visitar Arembepe em 1992, em uma viagem para Salvador. Cheguei, olhei, não achei a aldeia, nem os Novos Baianos. Dei meia-volta no meu Gol 1600 e parti. Quis o destino que em 2008 eu conhecesse minha futura sócia, Nil Pereira, que tinha casa em Arembepe. Retornei. Uma, duas, três, quatro, mil vezes. Juntas, inauguramos, em 2012, uma pousada na Praia do Piruí, a mesma praia da Pousada da Fazenda, do lendário Missival.

Minha primeira fake news em 30 anos começou a ser gerada aqui. Por causa da pousada e da necessidade de fazer marketing de Arembepe, passei a fuçar arquivos e bibliotecas. Reportagens antigas. Banco de imagens. Livros de história. Pesquisas e tratados acadêmicos. A cada nova descoberta, um texto, um post, uma reportagem.

Em 2013, encontrei no arquivo da Editora Abril, empresa na qual eu trabalhava, uma série de fotos do Rolling Stone Mick Jagger e de sua namorada cantora e modelo, Marianne Faithfull, relaxados, em uma casa de praia na Bahia, feitas pelo fotógrafo norte-americano Adger W. Cowans.

As fotos em preto e branco estavam à venda no banco de imagens Getty Images. Guardei-as no computador por um bom tempo. As legendas eram bem específicas na descrição e falhas na geolocalização: "Jagger toca tambor na varanda – músico britânico Mick Jagger, da banda Rolling Stones, toca tambor, cercado de crianças, em uma casa de praia na Bahia, no começo de 1968. (Foto de Adger Cowans/Getty Images)".

Em 17 de setembro de 2016, decidi criar uma página no Facebook para contar histórias da Aldeia Hippie de Arembepe. O terceiro *post* da página falava de Jagger. Nos livros e sites nos quais havia pesquisado, baianos frequentadores de Arembepe falavam do cantor com intimidade e desdém. Segundo todos, ele não fora nada simpático e não interagiu com os nativos nem com os hippies que já moravam na aldeia e teciam sua fama. Sem o menor pudor, catei a foto da Getty e publiquei a nota com a legenda equivocada. A postagem saiu assim:

Aldeia Hippie Arembepe – Museu a céu aberto
18 de setembro de 2016

Mick Jagger chegou antes à cidade de Arembepe e à Aldeia Hippie do que Janis Joplin. A sua visita não ganhou fama por um motivo simples e prosaico: o líder dos Rolling Stones não se misturou com os nativos. Fez daqui seu retiro, com distância e isolamento. (http://anos70ba.blogspot.com.br/2016/06/mick-jagger-e-aldeia-hippie-nao-deram.html)

Como informação falsa é feito praga que se multiplica tipo chuchu na serra, copiei no *post* a fonte, que era o blogspot *Anos 70 Bahia*, que repetiu a foto e ampliou os comentários. Um conto aumenta um ponto e a falsa verdade foi se tecendo com histórias mirabolantes e deliciosas. Mick ficou na casa do Sol Nascente. Mick comprou a casa para passar o réveillon. Mick ia de jipe até a casa no alto da duna. Mick não dizia bom dia para Dona Deja. E assim foi. E assim fui, mesmo que inocentemente, alimentando a informação falsa. Só para dar uma real, Mick estava no Rio de Janeiro no réveillon.

Desde então, tratei como verdade verdadeira e absoluta a informação de que Mick Jagger havia passado o verão de 1968 na Aldeia Hippie. Porque sou jornalista, virei fonte de todos os amigos paulistas, cariocas, mineiros em buscas de notícias sobre a Bahia, Mick Jagger e hippies. Óbvio que alimentei a fome dos colegas. Tinha um projeto de fazer a Aldeia Hippie se tornar um museu a céu aberto. Tinha a intenção de tornar Arembepe um destino turístico. Fracassei em ambas, mas a mentira de que Mick Jagger passou uma temporada em Arembepe ganhou força. Jornais de importância nacional como *Folha de S.Paulo* e *O Globo* publicaram a foto do mister Cowans com a legenda "Mick Jagger em sua casa de veraneio em Arembepe".

Vale dizer que ninguém daquela época me desmentiu e a fake news cresceu.

Em 2019, trabalhando para o projeto deste livro, tentei de todas as formas falar com Jagger para saber o que ele lembrava daquelas férias. Tentei o filho brasileiro, ex-colega de escola da minha sobrinha. Tentei Luciana Gimenez, ex-namorada do *band leader*. Tentei agentes. Nadica de nada. Fui ao Google. Fui às biografias e mais nada. Então lembrei do fotógrafo, Adger W. Cowans, que podia contar uma história saborosa sobre o ensaio feito aqui. Felizmente, ele estava vivo e bem de saúde aos 82 anos de idade. Mora em Nova York e ainda trabalha como fotógrafo de ensaios e de arte. A jornalista carioca Flávia Ruiz, que mora no Porto, em Portugal, e tem contatos internacionais, conseguiu, a meu pedido, encontrá-lo em Manhattan. Com generosidade, simpatia e paciência, o fotógrafo topou viajar no túnel do tempo e contar em mil palavras a história de uma imagem:

Fui para o Rio de Janeiro em 1968, fotografar para uma matéria sobre artistas de teatro e cinema que resistiam ao governo militar da época. Eu não conhecia o Mick Jagger pessoalmente e também não sabia que estaríamos no mesmo hotel, o Copacabana Palace. Um dia, uma amiga que estava comigo chegou esbaforida no meu quarto dizendo: 'Você não vai acreditar em quem está lá embaixo na piscina. É o Mick Jagger!'. Fiz que não estava nem aí e não fui vê-lo. Mais tarde, nos cruzamos no Copa e foi Jagger quem veio falar comigo. Queria saber se eu tinha algum esquema para lhe arrumar drogas. Até brinquei com ele sobre o fato de pedir drogas a um desconhecido só porque ele é negro. Nós rimos e começamos a ficar amigos neste momento. Jagger se revelou muito inteligente, sensível, culto e interessado em muitos assuntos.

Ele e Marianne (Faithfull) vieram para o Brasil sozinhos, só com o bebê dela. Sem Keith, amigo de todas as horas. A viagem era para dar uma escapada. Uma fugida da Inglaterra, porque ele estava tendo muitos problemas com a polícia e a Justiça por causa do consumo de drogas.

De fato, em 1967, Jagger e Keith Richards foram julgados por delitos de posse e consumo de drogas após uma batida da polícia na casa do guitarrista em Redlands (sudeste da Inglaterra), onde acontecia uma grande festa, com a presença da cantora e modelo Marianne Faithfull, então namorada de Jagger. Em um julgamento que ficou famoso, o juiz condenou Richards a um ano de prisão por permitir que sua casa fosse utilizada para o consumo de maconha, enquanto Jagger pegou três meses por porte de quatro pastilhas de anfetamina. Só escaparam da cana pesada graças a pressão do diretor do jornal *The Times*, William Rees-Mogg, que foi em defesa dos músicos, denunciando o exagero do julgamento.

Por causa da barra pesada, Cowans conta que a dupla passou vários meses no Brasil. "Eles ficaram bastante tempo no Rio, porque a cidade era muito segura, tranquila, ninguém os reconhecia na rua. Um dia, comentei com eles que estava indo para a Bahia. Jagger e Marianne também estavam e decidimos ir juntos. Fiz uma foto deles dentro do avião, Mick com um chapéu bem grandão. Estávamos de férias. O clima era de amizade. Eu fotografei eles. Eles me fotografaram. Não era trabalho e por isso as fotos que fiz deles ficaram guardadas durante anos nos meus arquivos. Afinal, eles nem eram tão famosos assim", acrescenta, rindo, Cowans.

Agora chegamos ao momento da revelação e confirmação da minha legenda/notícia falsa.

"Chegando à Bahia, eles arranjaram uma casa em Itapuã e lá ficaram por muito tempo", conta Adger, que compartilhou da temporada. "Fizemos muitos passeios de carro pela região, conhecemos muita gente. Jagger era convidado a ir na casa de todo mundo. Fomos visitar Jorge Amado, que fez muitas perguntas sobre política internacional, sobre os Estados Unidos. Na casa, vieram artistas brasileiros como Caetano, Bethânia, Gil, Milton Nascimento, Baden Powell. Arembepe? Eu não fui com eles neste lugar, as fotos foram feitas em Itapuã".

Pronto, falei. Pronto, confessei. Juro que não foi maldade, mas excesso de amor e falta de checagem. Queria muito que Jagger trouxesse novo axé e luz para a aldeia. Errei. Falhei. Rezarei mil Pai-Nossos para Nosso Senhor do Bonfim e mil Ave-Marias na intenção de Santa Dulce para pedir perdão. E vamos aos fatos:

1. Mick Jagger não morou na Aldeia Hippie nem em Arembepe.

2. Mick Jagger passou por Arembepe, que ficava perto de Itapuã, e foi esnobado pelos nativos e hippies, que não sabiam direito quem ele era. Não há registros fotográficos conhecidos dessa visita, apenas relatos.

3. O fotógrafo Adger Cowens nunca mais voltou ao Brasil, jamais visitou Arembepe, mantém raros contatos com Jagger e a amizade esfriou.

15/06/75

UMA NOITE NA ALDEIA
POR VICENTE SAMPAIO

Era janeiro de 1973, fomos de carro de São Paulo a Salvador, chegando tarde da noite. Não querendo perturbar os amigos na casa aonde iríamos ficar, dormimos debaixo do carro no Jardim de Allah. Ao amanhecer, encaramos um banho de mar e peixe na brasa e rumamos para a casa de Alex Chacon, um chileno supertalentoso, pra lá de gente boa. No dia seguinte, partimos para Arembepe.

Depois do almoço na casa de Paulinho Montoro, onde nos hospedamos, tiramos um leve cochilo. No finzinho da tarde, foi administrada a "comunhão": era a minha primeira vez, com os efeitos surgindo à medida que o sol declinava no horizonte das dunas ornamentadas pelas lagoas que, na época, estavam quase secas. Ficamos na contemplação do crepúsculo até as primeiras estrelas, quando, sem ser coisa consciente, num átimo percebi que o tempo não mais existia, a sensação era de que estava desperto após dois mil anos de sono profundo...

Olhando a vila semiobscurecida, percebi que ela ainda estava lá, mas, simultaneamente, uma outra vila se superpunha à dos pescadores, era uma aldeia mítica/mística, como se fosse uma espécie de aura da vila "verdadeira", um corpo astral da aldeia, uma Nova Jerusalém de pura energia, onde ondas de adereços ornamentais, vibrando em cintilações multicoloridas, deixavam-me sem tempo de pensar no que estava acontecendo. Após um pequeno conflito entre o que restava de consciente e o sonho corporificado na minha frente, desisti de dar trelas aos pensamentos, fiquei apenas com os olhos e o coração.

Já escuro, fomos para a casa, onde estavam muitas pessoas, todas viajando... O som era *Preta Pretinha*, dos Novos Baianos onde o refrão "abre a porta e a janela" tinha tudo a ver... O disco *Acabou chorare* foi o grande hit naquele verão inesquecível. Não me recordo bem quantas pessoas estavam no recinto, devia ser algo em torno de 20, alguns dançavam, outros em absorta meditação. Na mesa da sala, a famosa astróloga da revista *Rolling Stone*, Sheila Shalders, fazia o mapa astral de Cândido, que tinha ofertado aos presentes um pequeno álbum de seus desenhos, intitulado Os apóstolos de Arembepe.

Cândido era uma figura atemporal. Alto, sereno, de barba e cabelos longos, com uma aparência "crística". A sensação que me acompanhava o tempo todo era de estar numa ausência do tempo e de todo o resto da vida mundana. O "Vicente real" era a mais pura ilusão. Descobri, chocado, depois da "viagem", que simplesmente havia me esquecido totalmente de meus pais e de tudo o mais durante a *trip*.

Mais tarde, no auge da lucidez lisérgica, fomos de carro pela lagoa seca até uma ilhota cercada de areia por todos os lados, como essas de cartoon de náufragos, onde cresciam três coqueiros dispostos harmoniosamente. Dava a impressão de um pequeno oásis no meio de um deserto mítico. Como se tudo aquilo não bastasse, a noite foi abrilhantada por uma imensa lua cheia, cercada de bordados de nuvens delicadas que se transmutavam em figuras e imagens de todas as religiões do mundo, num vórtice mutante em alta velocidade. Alguém tocava violão e cantava, todos cantavam e dançavam, e qualquer pensamento ali seria coisa bem vulgar. Bem de madrugadinha, já começando a aterrissar, fomos à praia ver o bailado das águas de encontro às pedras e, no lusco-fusco da manhã, confundi umas algas gordas lançadas na areia com algum animal vivo, levei um susto. Depois do sol já alto e um renovado banho de água salgada, fomos tirar um sono perfeito até o almoço.

Belela Sarmento Coelho da Paz – Comecei a frequentar Arembepe em 1971 com Aurélio Vellame. Lindo, lindo, lindo. Mas já havia a tentativa da indústria química de destruir o paraíso.

José Jesus Barreto – A repressão chegou forte por lá na sequência. E os bebuns devassaram a aldeia de paz & amor.

Artur Carmel – Bebuns e burocratas de Camaçari...

Sérgio Siqueira – A profanação teve início com a Tibrás.

Sandete Ferrão – Uma pessoa bem interessante para entrevistar é Beto Hoisel, autor do livro *Naquele tempo em Arembepe*.

Agnaldo De Carvalho – Em 1973, eu, Fernando e Paulo Tito dormimos em palhas de coqueiro nas areias de Arembepe. Não satisfeitos, voltamos andando até Itapuã.

Betti Grebler – Arembepe e todas as localidades da Estrada do Coco foram desfiguradas por uma urbanização que desconhece o aproveitamento espacial e o bem-estar da população e de visitantes...

janela de pensão da Coló.

KARAUNA VERÃO 75

TODO MUNDO HIPPIE

Havia hippies de todas as linhagens, procedências e tendências. Em seu livro *Naquele tempo em Arembepe*, Beto Hoisel inclui entre as categorias as socialites em crise de consciência, que iam purgar suas penas no paraíso. Estudantes adolescentes de cabeça aberta, em conflito com a repressão da família tradicional da época, costumavam se jogar na aldeia em busca da liberdade e de novidades incitantes, por que não? Jorge Amado apareceu por lá ao menos um par de vezes, procurando filhas de amigos, entre eles Fernando Sabino e Samuel Wainer.

Um tipo frequente eram as hippies de boutique, perfil em que Mônica Padui se inclui:

Vivi seis meses em Arembepe, assim que completei 18 anos. Era, sim, hippie boutique, com mesada do papai. Morávamos em Santos. Eu e uma amiga conhecemos um americano antropólogo no Rio de Janeiro, que estava a caminho de Arembepe, então fomos juntos. Fui vizinha de Cândido e de John Chien. Em Arembepe, me apaixonei por outro americano, Robert Lawson, e vivi com ele seis meses. Voltamos a ter contato quando eu fiquei viúva aos 29 anos e fui com meu filho morar na casa do melhor amigo dele, nos Estados Unidos.

Você não tem ideia dessa experiência para mim, analisando agora... Eu era uma criança. Cheguei com essa amiga e logo fomos à praia, em direção oposta à da aldeia. Eu nunca tinha visto um homem nu, exceto Leonard Witten no filme Romeu e Julieta, *e me deparei com cinco homens nus na praia, inclusive o Robert. Ele era dez anos mais velho que eu e "nascemos" juntos em Arembepe, houve uma grande festa para nós dois. A experiência foi forte e voltei para a família para buscar a mudança, entre outras coisas, acredite, minhas bonecas. Nessa hora vieram todos os trâmites, comunicar à minha mãe, questões de dinheiro, meu pai era juiz de direito, separado... Foi uma loucura. Minha mãe pirou, mas eu tinha 18 anos e me emancipei. Lembro da preocupação dela com os telhados de palha, que poderiam ter barbeiros e eu pegar doença de Chagas. Chegamos a maquiar nossa casa, mas logo minha amiga voltou e eu me mudei para a casa de meu namorado. O Robert tinha vindo da África com um casal de franceses – Miná e Gilbert –, que acabou indo para Trancoso.*

Voltei diversas vezes a Arembepe ao longo dos anos e conheci muitas pessoas. Missival era uma figura lendária.

Depoimento de Missival:

A gente era muito doido, andava fumando o dia todo, não tinha nada o que fazer... Ia pra praia, ia pro rio, tomava banho pelado... Um dia vi a Sonia Braga nua na aldeia, estava lá tomando sol. Tinha mais de cinco mil pessoas aqui em Arembepe nessa época, todo mundo nesse clima. Era o tempo do LSD, você encontrava pessoas na rua viajando com aqueles olhos arregalados... Mas era muito bom... Aqui tinha polícia, sim, mas, como só tinha maluco, eles não iam conseguir dominar todo mundo, então eles relaxavam muito. Minha casa era a mais doida que havia em Arembepe. Os meninos que vieram comigo de São Paulo, cada um era artista plástico, então na frente a gente pintou a casa cheia de discos voadores, os caras desenhavam bem. A polícia, quando chegava em Arembepe, parava logo lá. "Aqui só tem doido", diziam. Aí voltavam, não tinha nada mesmo. Não tinha essa repressão. Hoje eu acho pior... Aquele ator, Richard Gere, esteve hospedado aqui dois dias. Ele veio com uma menina chamada Sylvia Martins, uma artista plástica. Na segunda noite, eu ouvi um barulho e, quando fui ver, havia no corredor um homem pelado matando muriçoca. E as muriçocas não deixaram o homem dormir. (*Entrevista a Renata Menezes*[20])

---

20 Transcrito do livro *Anos 70 Bahia*.

Dionísia Leal – Em 1972, numa das minhas passagens por Arembepe, tinha 17 anos. Era uma jovem criada numa tradicional família de classe média, moradora do bairro de Santo Antônio Além do Carmo. Dona Lúcia (minha mãe) era desbravadora, mas com valores rígidos. Descobriu Arembepe, não sei como! Mal ela sabia que em 1972 era o paraíso dos hippies. E nos levou para lá dois anos seguidos, durante as férias de fim de ano. Eu, beirando a faculdade, com ideias já meio contestadoras, me encantei. Era o lugar e o povo que eu precisava conhecer. Lembro-me que caminhávamos muito para chegar ao rio da Aldeia Hippie, que era bastante falado, porque comentava-se que lá todos tomavam banho nus. Chegávamos lá, sempre acompanhados de amigos, estudantes mochileiros de outros estados, que vinham conhecer o paraíso dos hippies. Realmente, os hippies moradores da aldeia tomavam seus banhos nus, com suas famílias, e tão naturalmente e tranquilamente, que não causavam espanto. Eu certamente não tinha coragem de fazer o mesmo. Mas todos compartilhavam com prazer aquele banho de rio revigorante, estivesse nu ou não. Assim, o retorno para a vila deixava de ser cansativo.

Café vends de site

MARIA ESTHER STOCKLER

Pesquisando sobre Arembepe e o movimento hippie, muitos depoimentos citam a beleza e a leveza da dança de Maria Esther Stockler no Rio Capivara, como o artista Fernando Noy em um trecho de seu depoimento para o livro *Anos 70 Bahia*: "Estava grávida, com um sorriso incrivelmente contagioso e uma ironia digna dos epicúreos, ao lado da beleza de ser que era o seu José Agrippino, com quem dançava nua no rio da aldeia, improvisando coreografias debaixo e por cima das águas douradas de Oxum".

> Tinha um senhor chamado Zé Abelha que vendia carvão. Ele vinha de Jaguaribe pelas dunas, atravessava o Rio Capivara e passava na aldeia para negociar seu carvão lá. Quando ia vender a Maria Esther e ela estava como veio ao mundo, pelada, ele colocava a mão no rosto e entregava o carvão. Uma vez, meu irmão foi entregar a roupa que minha mãe lavava e, como ela estava pelada, ele voltou. Minha mãe, então, teve que ir à aldeia levar. Minha mãe gostava muito de Maria Esther. *(Rivelino Martins, nativo de Arembepe)*

Dá para encontrar no YouTube o vídeo *Céu sobre água*, com a dança e a perfeita tradução de Arembepe e do sonho hippie, sem precisar de palavras. Está tudo imortalizado nos movimentos de Maria Esther, estrela desse filme, dirigido pelo marido José Agrippino de Paula, com cenas rodadas ao longo de seis anos nessa aldeia do mundo.

O filme mostra uma possibilidade de Éden, Nirvana, Shangri-lá, a utopia possível. Tudo nele é integração e conexão entre o humano e a natureza. A lagoa, os coqueiros, o mar, as nuvens, a cadência da dança, a cor da água, a nudez, tudo é muito índio, Mãe-Terra.

O som indiano dá a elevação para a viagem, abrindo o portal com o barrigão de Maria Esther explodindo de grávida, a vida, crianças, formas, reflexos, o lúdico e a beleza em todos os momentos. Nada está fora do lugar, parece feitiço. Uma mulher prestes a parir e, na sequência, parida, com toda sua energia e beleza, participando de um ritual. Maria Esther só acreditava na arte com ritual: "A arte só pode ser arte quando nasce de rituais".

Céu sobre a água traduz com perfeição o sentimento paz e amor da era hippie e de Arembepe, lugar que foi salão de reunião de todas as tribos. O pesquisador e historiador Rubens Machado Jr. afirmou que o filme de Zé Agrippino era hippie em sua essência e que tudo era de uma beleza de encher os olhos.

Trata-se de um antigo filme rodado na bitola Super-8 nestes tempos de tecnologia, velocidade e imagens estonteantes, mas tem alma. É preciso abrir o espírito para assistir com calma. Os místicos dizem que Arembepe foi um portal aberto dentro da *Matrix* e o filme mostra isso.

Jorge Alfredo Guimarães – Amo o casal! Em 1974, na Boca do Rio, tive a oportunidade de conviver com eles mais de perto. Lembro de uma cena incrível: Maria Esther abrindo a porta da casa para atender o carteiro do jeito que veio ao mundo!!! Kkkkk

Vicente Sampaio – Fui lá na casa deles uma vez com Mariozinho Cravo. Projetaram um Super-8 sobre eles na África, muito interessante!

Sérgio Siqueira – Assisti ao filme mais de quatro décadas depois, na calma... Aumentei o som, apaguei a luz e saquei como ele, sem dizer uma palavra, sintetiza Arembepe e o movimento hippie, mostrando um portal dentro da *Matrix*.

Vicente Sampaio – O filme que vimos era matéria bruta ainda, sem edição, mostrava também os tambores. Se não me falha a memória, devia ser em 1974 ou 75, por aí.

Sérgio Guida – Achei no YouTube: https://youtu.be/8eoZulLTgGI

Paulo Argolo – Uau! Que achado e dica massa, Serjão! E delirantemente lindo. Sinto nas entranhas a saudade e a alegria por ter vivido essa época, esse espaço, essas pessoas. Grato mil vezes!

Mônica Padui – A baby da Maria Esther e Agrippino se chamava Manhã... linda.

Sueli Ribeiro Ribeiro – Bons tempos da Boca do Rio com o casal Esther e Agrippino. Moravam onde hoje é a Vila Nair, quando conheci a comida macrobiótica. Praia da Boca do Rio sem barracas. Daqui, eles foram morar um tempo em Lençóis e depois na Ilha. Agrippino fazia sons com tambores, com Beca. Meu último contato foi quando eles compraram um terreno em Serra Grande.

Dóris Abreu – Maria Esther, quando ia na minha casa, era rock pauleira. Eu ficava sempre espantada. Mas espanto mesmo foi no dia que conheci o pai dela.

Sérgio Siqueira – Um banqueiro muito rico, decerto tradicional.

Dóris Abreu – Sérgio, bote tradicional nisso! Mas o que mais me impressiona é como ela, Zé Agrippino e Manhã se foram tão cedo e em anos próximos.

...UNDO DE MINHA CASA NA DRAIA 'ERÃO 75

O ESCRITOR, O GENERAL E O HOMEM DA NOITE

Arembepe não passou batido para Jorge Amado, que mantinha um olhar crítico sobre os hippies na vila e na aldeia por conta da notoriedade das drogas, que não se encaixavam, declaradamente, em sua perspectiva socioeconômica e política para a juventude no país e no mundo. Mas o intenso movimento contracultural num período politicamente fechado não deixaria de lhe chamar a atenção, despertando no escritor a veia irônica. O personagem de seu livro inacabado – *Bóris, o Vermelho* – era filho de Arembepe, e de vermelho só tinha a carapinha, nada a ver com a militância comunista da época. E, como foi dito, Jorge foi a Arembepe ao menos duas vezes, a pedido de amigos, na tentativa de localizar filhas adolescentes desgarradas do ninho familiar.

O cronista José Simão relata uma dessas visitas de amizade de Jorge a Arembepe, em depoimento transcrito no livro *Anos 70 Bahia*[21]:

Vim para cá pela primeira vez em 1973, com o Waly Salomão. Morei em uma casinha de fundos para o mar, na primeira pracinha de Arembepe. Havia contracultura. Pessoas interessantes que eram amigas e viviam do mesmo jeito diferente para a época. Morei lá por três meses com a Pinky Wainer, artista plástica, e a Vera Valdez, modelo. Não lembro muito bem, mas acho que eu dormia numa canoa no quintal. Colocava uma almofada e dormia ao relento, vendo as estrelas. Me lembro também que, às vezes, a Gal Costa aparecia para nos visitar. Vinha linda, com um vestido comprido, transparente. Aconteciam muitas histórias. Existia a turma que via disco voador e dizia que os coqueiros tinham uma marcação roxa no

---

21 Depoimento publicado originalmente no site *Aldeia Hippie – Museu a céu aberto*.

meio do seu tronco por causa da energia que as naves emitiam. Uns viam OVNIs e eu, por exemplo, um dia, vi Jorge Amado. Ele apareceu em nossa casa procurando a Pinky. Ela era, acho, menor de idade e havia fugido de casa. O pai dela, o Samuel Wainer, jornalista, era muito amigo do Jorge Amado. E naquele tempo a Bahia era uma coisa única e longe. Ele ligou para o Jorge, pedindo ajuda para encontrar a filha. Jorge deve ter ficado sabendo que havia uns jovens malucos em Arembepe e veio atrás. Era assim, as pessoas chegavam e partiam. O ano de 1973 foi muito especial. Foi um carnaval incrível ao som de Um frevo novo, *do Caetano Veloso.*

O fenômeno hippie bateu à porta do escritor, na casa do Rio Vermelho. A operação da polícia e a prisão em massa em Arembepe, no verão de 1970, quando os agitos da aldeia estavam no auge, tinha como objetivo, de fato, acabar de uma vez por todas com o movimento libertário que ali havia irrompido. Centenas de jovens foram presos pela manhã e soltos de madrugada, com a ordem de não mais voltar ao local. Por sorte, morava entre eles Paulo Montoro, filho do senador Franco Montoro, e deu-se o episódio descrito páginas atrás, cujo enredo vale relembrar: junto com Cândido de Alencar e se valendo do nome do pai senador, Paulo conseguiu uma audiência relâmpago com o governador Antônio Carlos Magalhães, que emitiu uma contraordem ao delegado, e a tribo arembepiana não foi mais incomodada.

Nada melhor do que o texto delicioso do próprio Jorge Amado para relatar o ocorrido, no livro *Navegação de cabotagem*[22] (capítulo "Bahia, 1970 – Os hippies").

Na porta, as duas moças, adolescentes, lindas e imundas. Apesar das calças Lee desbotadas, com rasgões, a t-shirt com a palavra de ordem "Faça o amor, não faça a guerra", as sandálias de cangaceiros, mesmo para hippies estavam por demais sujas. A que me tratava por meu tio explicou que acabavam de sair da cadeia: a polícia dera uma

---

22 Amado, Jorge. *Navegação de cabotagem*. São Paulo: Companhia das Letras, 2012.

batida sem aviso prévio na capital latino-americana do movimento hippie, situada na praia de Arembepe, subúrbio da cidade da Bahia, encanara centenas de jovens (e alguns idosos boas-vidas). Eu sabia do acontecido, recebera telefonemas de amigos do Rio e de São Paulo, Fernando, Samuca, Helena, Miécio, Chico Barbosa, pedindo minha intervenção para libertar filhas insurrectas, ativistas da revolução sexual. Convido as moças: "Entrem, por favor".

– Tio, o carnaval começa daqui a quatro dias, a gente queria assistir, então vim pedir ao tio que nos deixasse acampar por uma semana em seu jardim. Passado o carnaval, a gente pira.

– Acampar no jardim?

– Só até a Quarta-Feira de Cinzas, tio.

Além do escritor consagrado e da constelação de astros brasileiros e internacionais que passearam nas dunas, praias e lagoas de Arembepe, a visita de um general a um dos *points* da geração baseada no período mais sombrio da repressão movimentou as atenções da vila. Cândido de Alencar se lembra bem desse episódio

Uma noite, o general Uchoa apareceu por lá. Não sei quem falou a ele de Arembepe. O Gilberto Gil não estava nesse dia, acho que ele chegou com o Fabrício. O general adorava conversar, e ali era uma oportunidade de uma boa conversa. Ele tinha sido professor da Academia Militar de Agulhas Negras, era expert em mecânica, foi professor de Figueiredo, Geisel e todos esses militares da ditadura. Ele ficava um pouco à margem do esquema, achavam ele meio louco pelo seu esoterismo e ligação com os discos voadores. O que a gente gostava nele era justamente esse lado esotérico, era ligado à Grande Fraternidade Branca, a fraternidade que toma conta da humanidade, com seus sete mestres. Em Arembepe ele não veio falar sobre os discos, veio conversar sobre a Fraternidade Branca, muito em evidência através de Gil e Fabrício. Esse dia foi um acontecimento, era lua cheia, 40 a 50 pessoas reunidas debaixo de um coqueiral na minha casa da vila, não foi nem na aldeia, na aldeia ele não iria. Logo ficou muito evidente a presença dele e a notícia se espalhou rapidamen-

te: "Um general na casa de Cândido, um general, um general". Foi uma noite fantástica. Sentados em cima daquele paraquedas branco, ele e a mulher olhando a lua... e ele adorou, não queria ir embora. Foi lindo, mas logo pela manhã a polícia bateu na minha casa. Me trataram com respeito, mas me levaram para prestar depoimento, queriam saber o que o general estava fazendo lá. Contei exatamente essa história e a coisa ficou complicada. Ai, ai, rsrs... a Bahia tinha isso, não era uma coisa linear: uma noite maravilhosa e pela manhã a polícia batendo em sua porta.

Outro episódio curioso narra a perplexidade do homem da noite Rafael Sessenta, que foi dono da lendária boate Anjo Azul e da casa noturna Soixante, em sua interação com os vizinhos em Arembepe. Ele trabalhava duro para dar a Salvador o melhor entretenimento e alugou uma casinha na vila para recuperar as energias no domingo e na segunda, visando voltar ao batente zerado na quarta. Ele relatou a sua odisseia na vila no livro *Anos 70 Bahia*.

Rafael Sessenta conta:

Aluguei uma casinha de pescador em Arembepe e a reformei, com a ideia de ter um lugar para descansar. Era a última da vila, no caminho para a colônia. Eu ia para lá quando fechava a boate, ficava no domingo e na segunda. As duas primeiras semanas foram maravilhosas, tranquilidade total. Na terceira ou quarta semana, alugaram uma casa junto à minha – era uma menina chamada Pinky Wainer, filha do jornalista Samuel Wainer e da Danuza Leão. Pinky junto de mim, minha vizinha, e as figuras que lá apareciam... Pensei comigo mesmo: esse negócio não vai dar certo! E, na semana seguinte, quando eu chego, estava lá, em outra casa, o escritor João Ubaldo e a ruidosa turma de uma agência de publicidade... Ele trabalhava nisso, antes de se dedicar à carreira de escritor. E tudo que eu queria era descansar... Passa mais uma semana e, quando chego na vila, para meu azar, estavam em outra casa próxima ninguém menos que os Novos Baianos! Aí, acabou mesmo a minha paz em Arembepe, em meio ao agito dos babas, bola rolando pra lá e pra cá, eles não paravam. E, para culminar, um dia estava eu na rede, quando ouvi um movimento na porta e um forte sotaque texano. Eis que surge na minha casa Janis Joplin em pessoa, trazida por Judy, filha de Nilda Spencer. E eu só queria descansar...[23]

Passeou também pelos caminhos de Arembepe, na muvuca dos anos 70, o Gurgel de Aninha Franco. A fotógrafa Eva Cristina Freitas, a Evinha, conta a história: "Saímos de Busca-Vida para um rolê em Arembepe – Aninha Franco, a proprietária do possante, Marília Jatobá, Arquinho e não me lembro mais quem. Chegando lá, o pneu do Gurgel furou e não tínhamos o precioso macaco! Não me lembro de ninguém ficar desesperado e, sim, das risadas. Dois solícitos pescadores nos ajudaram. Um levantou o carro, como se levanta uma mesinha de centro das Casas Bahia, e o outro lidou com os parafusos e trocou o pneu, tudo isso diante de nós, uma plateia inteiramente embasbacada e boquiaberta!".

---

23 Ibidem nota 9.

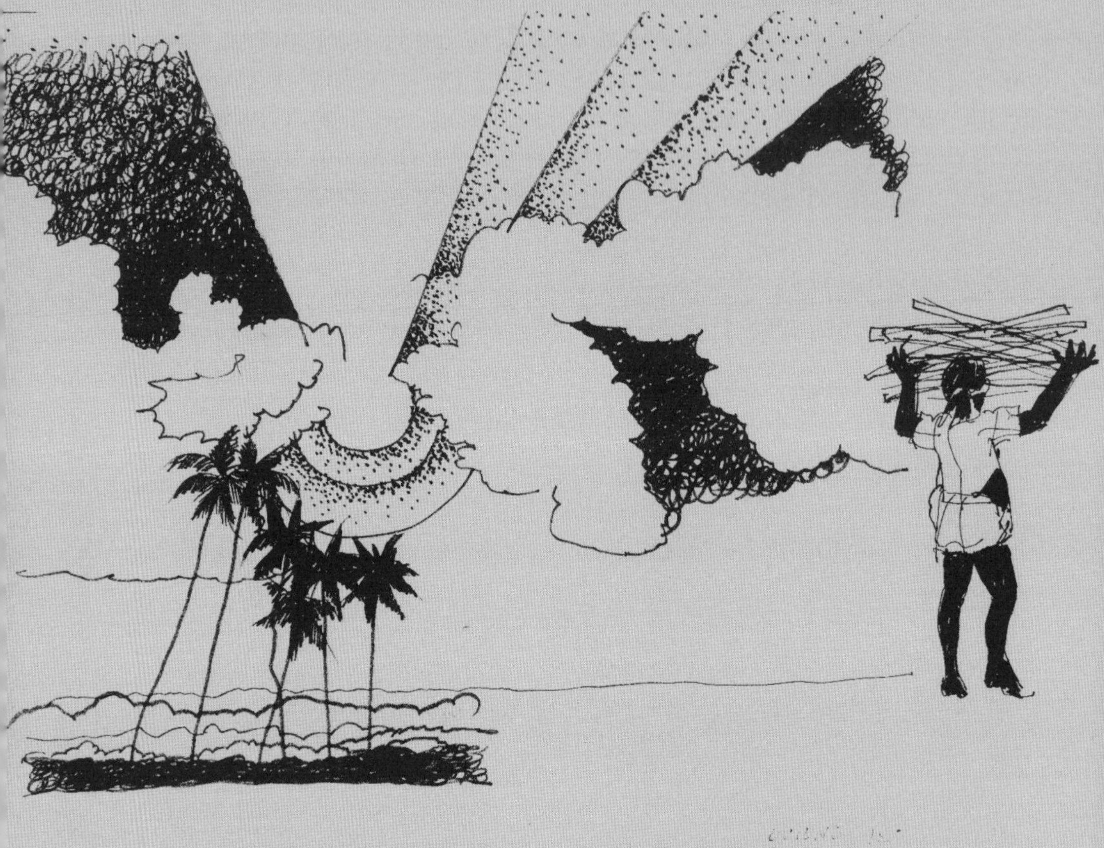

PAULO ARGOLO
DEPOIMENTO NA CONEXÃO VALE DO CAPÃO - IMBASSAÍ.

A primeira vez que cheguei à aldeia, com Zé Agrippino e Maria Esther, já foi uma aventura desde a saída da Boca do Rio. A Esther tinha uma Rural marrom, cor de café com leite escuro, que ela mesmo conduzia, visto que Zé não dirigia, o que às vezes a irritava – e como ele tampouco demonstrava interesse em aprender, a irritava mais ainda. Após uma série de arrumações para caber tudo o que era preciso dentro da Rural, pois a programação era ficar alguns dias, conseguimos sair. Para chegar à aldeia de carro, depois de entrar em Arembepe, você seguia pelas dunas ou beirando o rio, que, se estivesse cheio, não dava para passar.

Nesse dia fomos pelas dunas, um caminho sinuoso entrecortado por coqueiros caídos, moitas e outras vegetações nativas. Depois de muitos sacolejos e cantorias, conseguimos avistar a aldeia do alto da duna, só que a Rural também resolveu parar, encasquetou e nada de pegar. O sol estava a pino, o calor forte de meio de verão e já fomos saltando loucos para dar um mergulho. Alguns nativos tinham ouvido a zoada do motor e se aproximaram, ajudando a retirar os bagulhos de dentro da Rural e colocando na areia. A cena era de cinema, uma fileira de pessoas, carregando um monte de instrumentos musicais, sacos de comidas e bebidas, roupas, mosquiteiros, almofadas e mais um monte de apetrechos que usaríamos naqueles dias. Fomos caminhando por sobre as dunas, debaixo dos coqueiros, tendo do lado esquerdo o rio e do lado direito o mar, todos em fila indiana. Andamos uns 150 metros pelas dunas e... ladeira abaixo, deslizando na areia quente do coqueiral, chegamos à aldeia. Brinquei, comentando com Esther: "Isso que é mobilização!". Ela sorriu e disse: "Os meninos aqui são muito gentis e solidários, você vai gostar". Assim, chegamos à aldeia.

Acordei cedo com o sol no meu rosto. Tinha dormido na varandinha sobre almofadas e tapetes, depois de uma noite de música, dança e risos. Capotei por ali e o corpo se ajeitou perfeito no macio. Senti que pelo calor já passava das sete, fui me espreguiçando e levantei meio zonzo, saindo pela areia em direção ao rio. Purificar o corpo e a alma nadando e mergulhando era rotineiro e o rio estava com bastante água, por conta das chuvas que tinham caído nos últimos dias, o que era raro. O sol tinha voltado e estava tudo bom demais, daí, ficar no rio era mais constante do que no mar, por conta também dos afazeres domésticos e de lavar louças e roupas. Ficávamos horas nele.

Depois do banho, fui colocar com Zé o desjejum e começamos a arrumar as coisas que estavam espalhadas pela varanda. Tinha uma mesa retangular de madeira de lei de mais ou menos 1,50m por 0,70m, onde costumávamos fazer as refeições. Era baixinha e ficávamos sentados nas almofadas em cima do chão batido. Enquanto eu estava no rio, Zé tinha cozinhado banana-da-terra e inhame e preparado uma bandeja com torradas de pão de centeio com alho e tahine (creme de gergelim), que ele adorava fazer, além de café e chá. O cheiro invadiu o ambiente e as meninas se levantaram. Esther falou que tinha acordado sonhando com comida e plantações de alho. Nos sentamos todos e Esther, com um sinal de mão, chamou Keka e Manhã.

Os dias passavam maravilhosos e então Zé falou que estava pensando em ficar mais, já que as meninas estavam gostando e sempre estava aparecendo gente interessante na aldeia. Propôs então irmos a Salvador comprar mantimentos no Grão de Arroz e passar na Feira de São Joaquim para adquirir materiais para fazer uns tambores e outros para roupas e objetos de decoração. O casal estava sempre procurando ajudar os artistas em volta, comprava os insumos necessários para a confecção dos objetos e instrumentos e participava dos processos. Eram incentivadores das artes!

Nesses dias, tínhamos ficado muito amigos do Manu e começamos também a trabalhar nas peças, cujo processo de produção ele carinhosamente começou a me ensinar. Dessa forma, incluí na lista de compras outros materiais relacionados a essa produção, panos de saco, contas e sementes, palha da costa e casca de árvores. Posso me dar o mérito de ter começado esse processo de tingimento dos sacos de algodão com cascas de aroeira, babatenon, angico, cajueiro, urucum.

Era uma verdadeira alquimia, com os caldeirões esquentando nos fogões de pedras e lenha que improvisávamos para fazer os tingimentos. Na sequência, estendíamos os panos em varais para secar e eles ficavam tremulando ao vento no sol de verão, secando e curtindo. Os panos ficavam uns mais claros, outros mais escuros, a depender da árvore usada, e adquiriam uma tonalidade da pele.

Quando se entrava na água com as peças confeccionadas (shorts e biquínis), eles ficavam com as cores mais vivas. Essa produção rendeu tanto que no fim de março tínhamos uma coleção de peças que resolvemos levar para vender no Rio de Janeiro. A aldeia de Arembepe era na época um celeiro de ideias e produção de artes da mais fina vanguarda, que saíam dali para ganhar o mundo.

Fomos a Salvador e, quando chegamos de volta, já era noite, e estávamos carregados de sacos com aquele monte de coisas compradas na feira. Só de cabaças havia mais de 20 de vários tamanhos. Na *city* foi beleza, deu para a gente se locomover de táxi. E agora, de Arembepe para a aldeia? Saltamos, descarregamos as coisas e ficamos ali meio de bobeira. Não tínhamos conversado sobre isso, como chegar à aldeia com tanto peso. Ficamos parados na noite, quando apareceu uma figura de compleição forte, um mulato com uma bermuda jeans e um pano de aniagem amarrado em volta do pescoço, como se fosse uma capa. Ele parou em nossa frente e perguntou se íamos para a aldeia. Respondemos que sim. Ele disse que tinha vindo andando da Casa dos Discos Voadores, onde estavam alguns amigos, e bateu uma vontade de ir à aldeia. E, falando isso, foi pegando alguns sacos e começou a caminhar. Zé pegou outros, eu mais outros e fomos.

O céu estava estrelado, lua crescente, e andamos margeando o mar. Esse caminho era mais rápido, porém mais difícil. Se você vacilasse, ia parar centenas de metros depois da aldeia. As dunas eram bem altas para enxergar o que estava atrás delas, e você tinha que estar ligado na subida certa. Nesse dia, não erramos e finalmente chegamos cansados e suados, devia ser mais de oito da noite. Convidamos o Beka, era esse o nome do nosso novo amigo alado, para comer conosco. Beka ganhou esse adjetivo durante a noite, por causa do lenço que parecia uma capa e ele não tirava em momento algum, mesmo na hora de comer.

Depois de tomarmos uma sopa de aveia com verduras e pão integral, saímos para a casa de Simeão para fumar um baseado. Na conversa da noite ficamos sabendo que nosso novo amigo tocava atabaque em uma casa de candomblé, da linha Ketu, agora era um Ogan, gostava e convivia com tambores desde a infância. Em um momento no meio da noite, após ficarmos uns 40 minutos tocando uma melodia, Zé colocou o violão na esteira de junco e disse que ele tinha sido enviado pelos deuses. Tudo a ver com os tambores que estava fazendo.

Na praia, se fazia muitas atividades – ioga, tai chi, kung fu, capoeira, huka-huka... E também às vezes ficávamos só deitados, tomando sol. Alguém inventou uma mistura com óleo de coco, canela e urucum que dava um bronzeado diferente e era muito gostoso para passar no corpo. A pele macia era um convite para se acariciar.

Jorge Seixas – Eu tenho lembranças de chegar na aldeia em 1972. Vivi um tempo lá... Sonhos, ácidos, dunas... Um pescador chamado Simeão passava toda noite pela casa e lá de fora gritava: "Boa noite, Simeão, o inspetor de quarteirão!". Pitávamos um beque, proseávamos, e virávamos a noite.

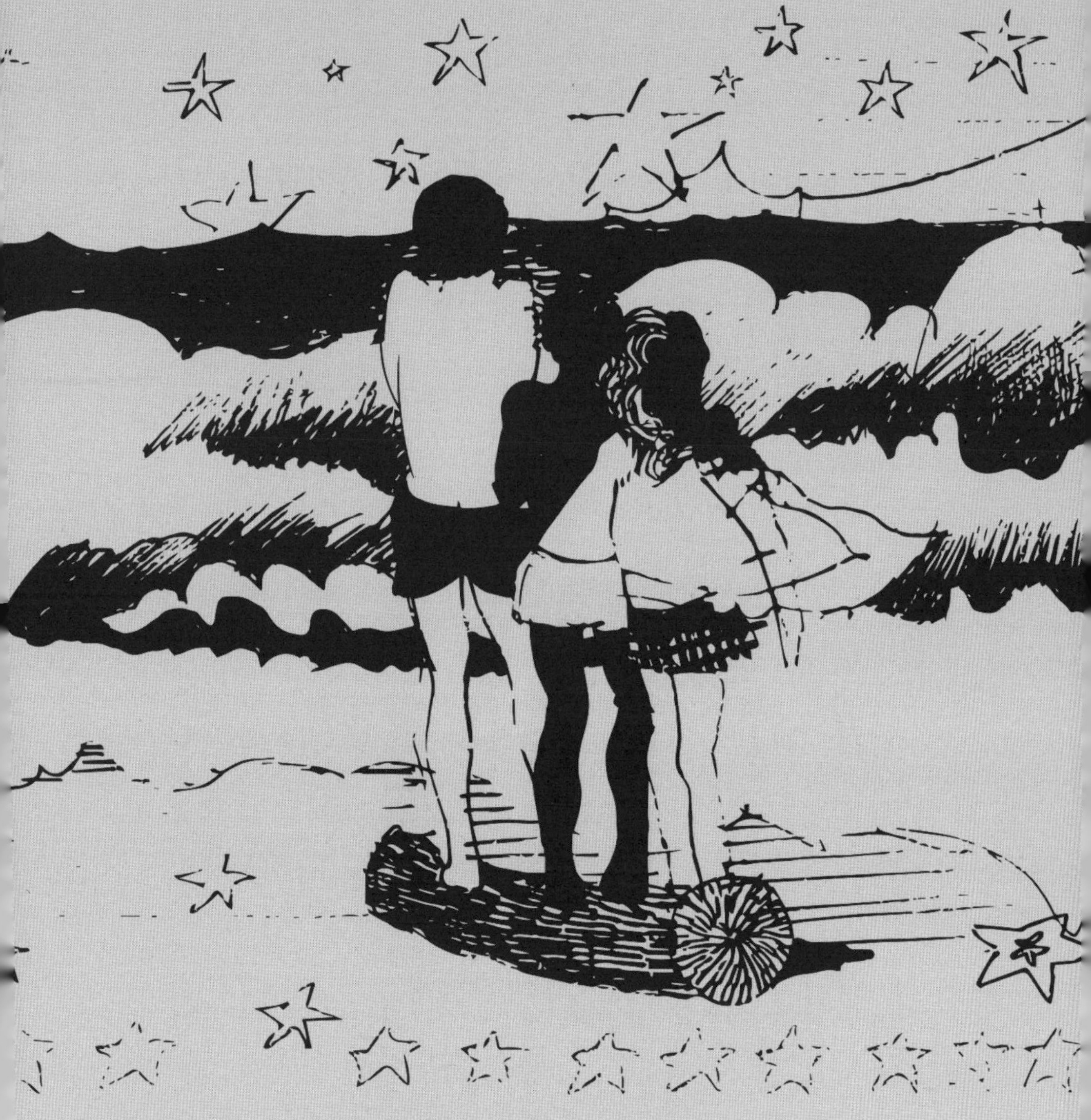

Baiana em Arembepe

BÓRIS, O VERMELHO
CLAUDIA GIUDICE

Você conhece Bóris? Bóris, o Vermelho? Eu não o conhecia, o que é estranho, porque, quando ele nasceu, eu já era jornalista. Quando conheci seu pai, Jorge Amado, ele já estava desenhado, pensado e descrito em inúmeras entrevistas. Estava também guardado em alguma gaveta da casa do Rio Vermelho, em Salvador, empacado na septuagésima quinta folha de papel sulfite, datilografada à máquina e rabiscada à mão. O manuscrito do livro ainda existe. É uma relíquia bem guardada por Paloma Amado, filha de Jorge, em envelope pardo, em seu apartamento hiperventilado na Federação, Salvador. Não cheguei a tocar em Bóris, mas fiquei bem perto dele. Pude até ler umas linhas, nas quais estava escrito que o pai de Bóris, um pescador, era de Arembepe e lá pescava. Sim, agora você sabe porque Bóris veio parar aqui neste livro. Bóris, o Vermelho, é filho da terra, arembepeiro, e como tal fez comigo o que este lugar faz com todos: me envolveu. Para saber mais sobre ele, procurei Paloma. Gentil, como sempre, ela me contou sobre a dificuldade do pai em seguir em frente. Bóris nasceu e não vingou. Ele tentava, começava e parava, diz Paloma. Chegou um momento em que Bóris se tornou quase um sofrimento. Até que Jorge ficou doente e nunca mais retomou o livro.

Sabia dessa história, e achava que Bóris era um comunista. Não era, ele apenas tinha a cor avermelhada e curtia Arembepe. Jorge Amado já tinha estado por lá, em busca de filhas de amigos que ganharam o mundo. Boris ser arembepiano é um sinal do interesse que essa comunidade despertou no escritor, assim como as pessoas que circulavam por lá. São pistas, aclaradas neste delicioso relato da jornalista Claudia Giudice, sócia-proprietária da pousada A Capela, um recanto prazeroso e relax na Praia do Piruí, na extensão sul da vila. *(Sérgio Siqueira)*

Minha curiosidade sobre Bóris está ligada à minha paixão por Arembepe. Queria saber se ele havia vivido na aldeia. Se tinha sido inspirado em alguém em especial. Se representava o velho embate entre hippies e comunistas. Se era um personagem talhado para discutir o papel da contracultura na mudança dos costumes e valores. Rodei, rodei e rodei, e continuei sem muitas respostas. Bóris segue sendo um mistério. Bóris pode existir ou ter existido em carne osso? Bóris pode ter nascido como um alterego do escritor, comunista por quase toda a vida? Bóris era um porra-louca? Ou Bóris era apenas um otário que se meteu em confusão porque andava em péssima companhia? Quem sabe morre, como se diz na Bahia.

Descobri Bóris lendo o livro *Velho novo jornalismo*, do jornalista Gianni Carta. O capítulo 3, "Conversa com Jorge Amado", narra o encontro amigável dos dois em 29 de julho de 1992 em Paris. Jorge estava de malas afiveladas para voltar ao Brasil e lançar em 10 de agosto o livro *Navegação de cabotagem*, uma espécie de autobiografia feita de reminiscências. No meio do papo, Gianni pergunta a Jorge sobre Bóris. O escritor aponta para uma pilha de livros e diz: "Ele está aí no meio". Sim, as mesmas folhas que vi agora em 2019 na casa de Paloma. Em tom meio envergonhado, Jorge diz que não conseguiu terminá-lo (Bóris começou a ser escrito em 1982, portanto dez anos antes do encontro com Gianni) por causa de *Navegação* e "porque não conseguia colocar de pé o que queria". Provocado por Gianni, Amado começa então a falar sobre Bóris. E foi aí que me apaixonei. Vamos à descrição literal:

Do que se trata Bóris, o Vermelho?

O que eu quero fazer, e daí a dificuldade, é o perfil de um jovem brasileiro no final da década de 60 e no início da década de 70, que caracteriza duas coisas que, de certa maneira, se opõem e, de certa maneira, se completam no que se refere aos jovens. De um lado, há os hippies, é um momento em que Arembepe, na Bahia, é a capital dos hippies na América Latina. Lá tem gente de toda a parte do mundo. Temos a revolução sexual e a droga, sobretudo a maconha. Do outro lado, há a confrontação de outra parte da juventude contra o governo militar, contra a ditadura. O meu herói, o Bóris, é um jovem pura e simplesmente brasileiro.

Politicamente ele não é nada. Não tem interesse por nada disso e, por outro lado, ele é um pouco ligado aos hippies, sem ser exatamente um hippie. Bóris é ligado aos aspectos da revolução sexual, sem ser um líder disso. Por exemplo, ele é menos inclinado a participar de uma suruba. Na verdade, ele prefere ter mais de uma namorada, mas uma de cada vez. Mesmo assim, ele participa de tudo. Não é abstêmio. Ele fuma sua maconha, sem ser um maconheiro. Não trabalha. Quero contar como um jovem desse tipo, na época, é levado a ser visto como Bóris, o Vermelho.

Por que o nome Bóris, o Vermelho?

A mãe dele é uma costureira, leitora de folhetim. Então ela lê coisas sobre a corte do czar, as festas. Ela é uma pessoa romântica. Daí o nome Bóris. E Vermelho porque é um mulato e tem a carapinha cor de ferrugem...

...Mas, voltando ao Bóris, ele vai se ver envolvido em certos acontecimentos que farão com que ele passe a ser visto como um subversivo, um enviado por Moscou...

Jorge Amado conta a história de Bóris em dois parágrafos. Ele será preso. Os milicos acham que ele é um subvertido enviado por Moscou, via Cuba. Um escritor que conta a história dele passa a descrevê-lo como um herói do povo. E ele, na verdade, não é nada disso. Ou é?

Amado, segundo sua filha Paloma, não gostava muito de Arembepe. Morria de medo de ver os filhos envolvidos com drogas e na aldeia, na opinião dele, tinha muita maconha, muito LSD, muito chá alucinógeno. Jorge esteve na aldeia algumas vezes com uma missão bem específica: resgatar filhos de amigos que haviam fugido para o paraíso hippie. Pink Wainer, filha do jornalista Samuel Wainer, grande amigo de Amado, foi a primeira. Adolescente, deixou o Rio de Janeiro para se juntar aos amigos José Simão, Vera Valdez, Wally Salomão e Gal Costa. Ficou. Não queria voltar. Samuel pediu ajuda a Jorge, que a contragosto foi tentar resgatar a garota. Pink confirma o caso em entrevista a Eleonora e a Rodolfo Lucena. "Fiz muitas viagens na minha juventude, eu morei na Bahia, fui hippie. Saí do colégio interno e fui morar em Arembepe, eu e o Zé Simão, pergunta para ele (*risos*)".

A segunda visita, lembra Paloma, foi a pedido do escritor Fernando Sabino. A filha dele, Eliana, tinha sumido. Os dois foram para a vila, que era de pescadores, procurar a menina. "Não me lembro direito, mas acho que acharam", conta Paloma. "Meu pai ficava assustado com isso, tanto que nunca quis ter casa no condomínio de Interlagos, onde veraneavam vários amigos dele, como o Carybé e o Tatti Moreno. Preferiu comprar o chalé da minha mãe em Itapuã, lá na Pedra do Sal. Ele detestava as drogas e temia por mim e meu irmão, João Jorge. Mas isso nunca aconteceu, afinal, eu e ele éramos tão comunistas quanto todos na família. O desbunde não nos agradava".

Bóris não era desbundado, mas provavelmente viveria entre eles se Jorge tivesse concluído a história dele. Muitos Bóris passaram por Arembepe nos tempos de paz, amor e chumbo. Os militares, à época como hoje, acreditavam que os Bóris eram uma ameaça à ordem e ao progresso da pátria. O historiador Leon Frederico Kaminski, em sua tese de pós-graduação *A Revolução das Mochilas: contracultura e viagens no Brasil ditatorial*, descreve a visão da Polícia Federal e do SNI (Serviço Nacional de Informação) sobre os hippies. Para eles, a circulação de andarilhos e cabeludos deveria ser monitorada. Acreditavam que muitos desses viajantes seriam, na verdade, comunistas disfarçados ou inocentes úteis promovendo a circulação de informações, cumprindo missões em prol do comunismo.

Falso? Verdadeiro? Ambos. "O dramaturgo Antônio Bivar conta que ajudou Carmem Monteiro, integrante da Aliança Libertadora Nacional, a sair do país em busca do exílio. Ela, com vestes hippies e um livro esotérico na mão, cruzou de ônibus a fronteira com a Argentina. Mas, claro, esses eram somente alguns casos, não prática comum, mas que contribuíam para que os órgãos de informações formulassem suas teses". A perseguição não foi pequena. Para os conservadores, a contracultura era uma arma do movimento comunista internacional para enfraquecer a juventude. "Práticas como a liberdade sexual, a subversão dos costumes e o consumo de substâncias alteradoras da consciência facilitariam a tomada do poder por parte dos soviéticos", relata Leon.

Bóris, o Vermelho, só pelo nome e pelo apelido, seria um prato cheio para os meganhas. Imagina a cena. O delegado Gutemberg, um obcecado por hippies, interrogando nosso personagem e descobrindo que ele tinha nome de comuna. Se preso fosse, provavelmente seria mandado para Arembepe. A ordem era: "Vamos prender todo mundo e soltar em Arembepe".

Mas essa já é outra história.

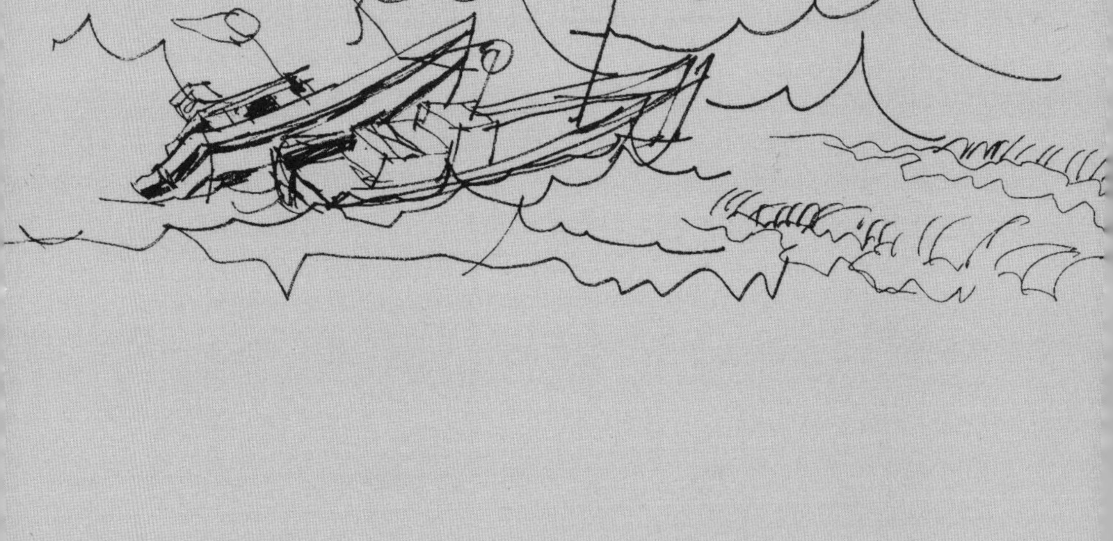

RIVELINO MARTINS

Rivelino Martins é nativo, arembepiano de alma e ativista ambiental, sempre defendendo a natureza de Arembepe, protestando contra as agressões e, também, botando a mão na massa, como agora, que está replantando coqueiros nativos em áreas degradadas – falamos disso no capítulo "Cacimbão, a fonte da dignidade". Além disso, é guardião da memória dos mais velhos, de um tempo em que Arembepe foi frequentada como uma aldeia do mundo. Rivelino era criança nessa época, ele nasceu em 1971, mas conhece muito das histórias contadas pelos que já se foram e pelos que ainda continuam no planeta Terra e em Arembepe. Rivelino com a palavra:

Eu tenho um pertencimento forte a Arembepe. Eu sempre digo que Arembepe devia ter parado em 80. Se os governantes tivessem um propósito cultural forte, como os governantes de Paraty, Arembepe estaria outra coisa, outro lugar. Agora, com essas invasões que deixam a gente de cabelo em pé, está difícil, ainda mais para a gente, na luta pelo meio ambiente. As terras de Arembepe e Jaguaribe pertencem a minha família. Eu tenho o inventário, está em minhas mãos, é de 1908. As terras eram de meu bisavô, o inventário fala da Fazenda Caratingui, que era de minha vó.

Camaçari é uma máquina de fazer dinheiro, é muito dinheiro que se arrecada, mas eles não ligam para o rio e as lagoas.

Arembepe tem história. Minha mãe lavou roupa de ganho para Maria Esther Stockler por muito tempo. Ela morava na aldeia, na casa que era de Damião, o carpinteiro, irmão de Coló. Naquele tempo, em 70, tínhamos o hotel São Francisco. Minha irmã mais velha, já falecida, trabalhou nesse hotel, que hospedou muita gente.

O Chien, se perguntarem aqui em Arembepe, as pessoas de 70 anos vão falar muito bem dele, do chinês que andava lá na Pousada da Fazenda de Missival. Ele era apaixonado por minha irmã.

Rivelino falou também sobre o delegado Figueiredo, que prendeu Chien Lee por estar tomando banho nu na lagoa.

O nome dele era Figueiredo Soldado. Se você perguntar aqui às pessoas de 60, 70 anos, eles vão falar de Figueiredo Soldado. Ele era um policial, o delegado se chamava Correia. Figueiredo Soldado perseguia as pessoas, era cruel. Reza a lenda que ele veio arrastando a cavalo um hippie da aldeia até a vila. Ele era um homem mau.

Tinha a Sandete, tinha a Cris, que era de uma família da alta sociedade e vivia na casa de Vera Hippie. Tinha também a Deda, uma argentina que viveu na vila e na aldeia, a mulher mais bonita que já andou aqui em Arembepe. Deda parecia aquela imagem de Cleópatra. Os pescadores e todo mundo só andavam atrás dela. Foi embora em 82, deixando muita saudade. Algumas pessoas voltaram a visitar Arembepe, outros vieram para ficar, a exemplo de Missival e João do Mar Aberto. Muitos já se foram: Tabocal, Olívio, Wilson, Manu, Fernando Loureiro, que era colunista da Abril, todos foram enterrados em Arembepe.

Minha mãe se chama Bernardina, mas todo mundo a conhece como Dona Daúde. Está viva e tem 92 anos, lúcida e cheia de histórias. Ela conviveu muito com Claudio Marzo e Betty Faria. Claudio era freguês dela, adorava o cuscuz e o mingau que minha mãe fazia. Minha mãe fala que ele tinha um cachorro grandão, bonito.

Os Novos Baianos, quando vieram para cá, alugaram uma casa vizinha à de minha mãe. Essas casas antigas de Arembepe, meu pai é que tirou as pedras e o barro para construir, os veranistas foram comprando e tudo foi se perdendo...

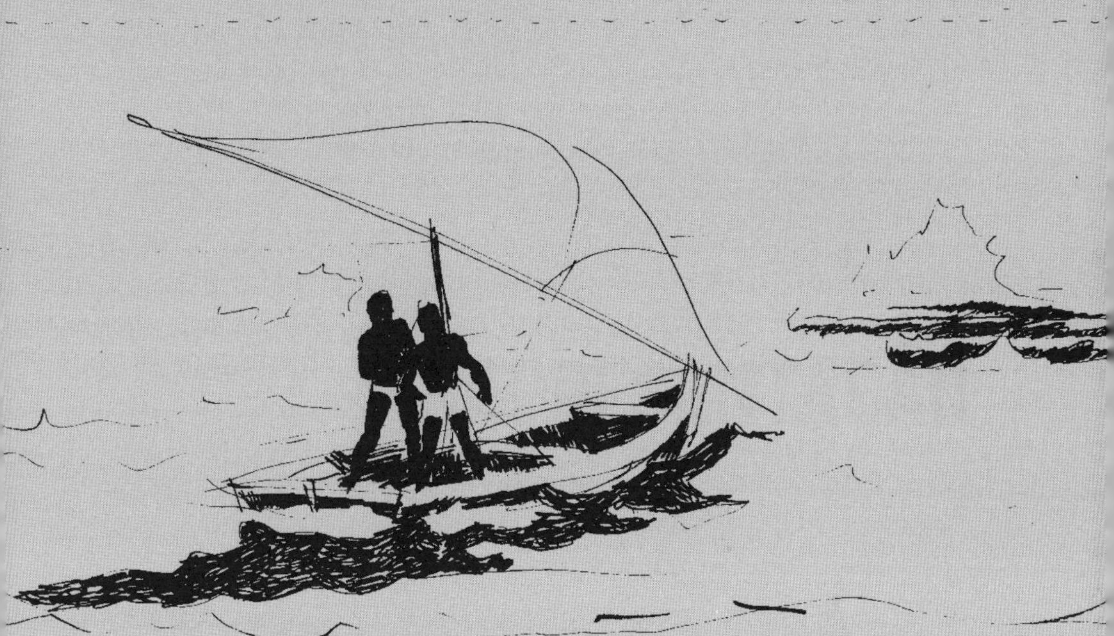

ALDEIA MUNDI

O espírito conectado, libertário e preservacionista da aldeia global encaixou-se perfeitamente nas práticas comunitárias e de integração com a natureza na Aldeia Hippie, convergindo com o legado dos ancestrais indígenas que perceberam as vibrações envolventes daquele ambiente. Em poucos lugares do planeta o cosmopolitismo harmonizou-se em grau semelhante a esse espírito da aldeia, cuja manifestação explícita foi o magnetismo que atraiu para aquele santuário incontáveis peregrinos das mais diferentes partes do planeta.

Em meados de 1973, o *boom* festivalesco havia se dissipado e um pequeno contingente permanecia na aldeia e em Arembepe, mantendo, qual uma amostragem, a pluralidade de nacionalidades, etnias, gêneros, classes e orientações. Em seu livro de referência *Assault on paradise*, Conrad Kottak sintetiza em um parágrafo a multiplicidade de origens dos remanescentes que encontrou:

"Os hippies de Arembepe, em 1973, incluíam uma jovem inglesa, uns poucos brasileiros do Sudeste e um casal argentino. A mais cosmopolita do grupo era uma mulher francesa que viveu com o primeiro marido no Zaire e em Madagascar, depois na Itália com seu pai e o filho, antes de se mudar para Arembepe. Esses remanescentes da invasão hippie, os moradores da vila me asseguraram, pouco davam ideia das coisas que aconteceram no auge da ocupação, quando Mick Jagger, Janis Joplin e Roman Polanski haviam visitado Arembepe e as pessoas circulavam nuas, faziam sexo e fumavam marijuana na praia. (Quando os moradores apresentaram este quadro estereotipado da vida hippie, eles o fizeram com mais diversão e menos reprovação do que o tipicamente expressado pelos americanos convencionais no fim dos anos 60 e início dos 70). Em 1973, um casal hippie estava trabalhando em artesanato e parecia

integrado à vida local. Em 1980, uns poucos mais tinham se juntado a eles como moradores permanentes".[24]

Os personagens que encarnam os relatos deste livro saíram da década de 70 para o mundo e teceram os seus destinos na linha do tempo, cada qual do seu jeito, depois da iniciação entre dunas, coqueiros, lagoas, palhoças, vida alternativa em comunidade, o rio e o mar que modelaram os fundamentos e a utopia da Aldeia Hippie. Vê-se que o estágio atual de vida de cada um deles depurou e fortaleceu os perfis da época, e dá seguimento, em um novo patamar, às vivências dos anos 70.

Camino Mazzano circulou algum tempo no Brasil antes de retornar à Espanha. Mora na Finca El Canuelo, no litoral sudoeste da Espanha, em zona fronteiriça ao Estreito de Gibraltar. Em uma área de admiráveis formações de rochas e vegetação junto à praia – e utilizando elementos naturais –, montou um jardim paradisíaco, impregnado de vibrações astrais, o Love Garden, em homenagem à filha Izabel, que morreu jovem. O jornal *The Guardian*, um dos mais conceituados da Inglaterra, incluiu o Love Garden entre os 10 espaços mais estilosos da Espanha para hospedagem e eventos: "Com vistas deslumbrantes para o Oceano Atlântico e um jardim superagradável, repleto de monólitos misteriosos de arenito e espreguiçadeiras tentadoras".

Cândido de Alencar estabeleceu-se no Matutu ("cabeceira sagrada", na língua dos antigos habitantes indígenas), um vale nas encostas da Serra do Papagaio, integrante da cadeia de montanhas da Serra da Mantiqueira. Considerado um dos locais mais belos de Minas Gerais, conserva muito da sua biodiversidade e recursos naturais intactos, graças também ao cuidado da comunidade local. Repleto de mirantes e cachoeiras, fica no município de Aiuruoca e tem a relevância ecológica reconhecida pela Unesco. Nesse ambiente privilegiado, Cândido ergueu a Casa de Hóspedes Patrimônio do Matutu,

---

24 Kottak, 2018, pg. 26.

um *ecolodge* rústico movido a energia solar e construído com madeiras e pedras locais. Além de alojamento, realiza cursos, retiros, eventos e atividades relacionadas à conexão com a natureza, autoconhecimento, cura, tradições ancestrais, alimentação, cultura Gaia e a macrotransição (ou Grande Virada).

Fernando Noy mergulhou de cabeça nos agitos *under* de Buenos Aires, tão logo retornou do Brasil. Lançado em 2018, o seu livro *Peregrinaciones profanas*[25] transita entre recortes autobiográficos – sendo destaque as peripécias vertiginosas em Arembepe e Salvador – e o ativismo em meio às tribos da contracultura portenha. Assim diz um trecho prefacial do seu livro: "Noy é uma das personalidades mais originais e inclassificáveis da cultura argentina. Lendário protagonista do *underground* portenho, poeta de culto, performer, agitador cultural, ator, letrista, dramaturgo, jornalista e tradutor. Escritor prolífico, publicou os contos eróticos *Sofoco*, a mininovela *La noche más ausente* e *Historias del under*.

Vicente Sampaio mora na montanha, na Serra da Mantiqueira, para os lados de Santo Antônio do Pinhal, com a arquiteta e professora de ioga Anne Sobotta, apaixonada por dança contemporânea. Continua fotografando com maestria e a cada dia coloca uma pérola em sua página no Facebook. Publicou recentemente fragmentos de sua obra numa revista alemã. Vicente anda cercado de bichos. Aprecia as revoadas de tucanos e a visita de esquilos, além de uma pata quase humana, que lhe deu uma bela ninhada. Tem ainda três cachorros, dos quais Tom é o número um, como ele mesmo se refere: *best friend one*. O porte de Tom é imponente, causa impacto, parece selvagem. Quando aparece em postagens na rede, arranca suspiros, é o predileto, o comandante. Dedica parte do tempo à arte da marcenaria. É de Vicente a imagem instigante do fotógrafo e artista plástico Mariozinho Cravo plantando bananeira na Boca do Rio, que virou capa do livro *Anos 70 Bahia*.

---

25 Ver nota 16.

John Chien Lee mora em Barcelona há mais de 30 anos e prossegue a sua bem-sucedida carreira internacional de designer e ilustrador, com um currículo de alto calibre e trabalhos expostos em museus e entidades culturais de renome, além de exposições permanentes e grafismos em espaços públicos de Ibiza, Ceuta, Lerma, Palma, Pontevedra e outras cidades. De forma igual a Vicente, costuma brindar os admiradores das redes sociais com postagens de apurada arte figurativa.

José Luiz fala por si: "Hoje moro em Pirenópolis, cidade também cheia de maluco, gente de vários cantos do planeta. Região muito linda, cheia de cachoeiras, natureza exuberante, cerradão bruto. Constituí família, tenho seis filhos, o maior com 40 anos e o menor com 10, que mora comigo no mato. Trabalho com hena, que veio daquela época de Arembepe. Acabei indo à Índia, para conhecer, e hoje também planto, colho, moo e vendo no mercado".

CANTINHO
DA SALA

AREMBEPE XXI: REFLEXÕES TEMPORÃS
POR LUIZ AFONSO COSTA

Meio século depois, o sobrevivente cruza a praça reurbanizada de Arembepe e entra no restaurante da Coló, ao lado da igreja. O salão amplo e envidraçado sugere refeitórios de balneários antigos ou o deck de um transatlântico turístico encalhado na praia. Pode também se assemelhar, a depender do ângulo do sol, a um ambiente *art noveau* embrechado em nosso trópico ensolarado. As janelas enfileiradas transplantam para o refeitório a linha comprida de arrecifes e os barcos de pesca abrigados no remanso.

No corredor de acesso, a sorridente Dona Edeli comenta sobre o mural com fotos da Arembepe dos velhos tempos, quando o restaurante era a casa da sua mãe Claudemira, conhecida como Coló, que servia a boa comida de pescador a visitantes das redondezas e até a alguns americanos que aqui faziam estudos[26] (são deles as fotos em preto e branco, tiradas entre 1962 e 1964). Ela lembra bem dos agitos dos anos 70, quando aparecia gente de toda parte do mundo e o restaurante era o ponto certo do rango. Nascida em Arembepe e transbordante de simpatia, Coló herdou da mãe o nome "de grife" e a fama de quituteira de mãos virtuosas, com as quais fez prosperar o negócio. Eram tempos heróicos em que a moçada vinda da aldeia se ligava no feijão caseiro (como ainda hoje há) de Coló. A pedida era o "prato-feito" com opção de peixe ou marisco, carne de boi ou frango, que dava para dois e nele se jogava farinha a rodo para render mais.

---

[26] O antropólogo Conrad Kottak realizou para a Universidade de Colúmbia, em Nova York, pesquisa de graduação tematizada na transformação econômica e social em Arembepe ao longo de quatro décadas, com ênfase no impacto da globalização, tecnologia e mídia de massa, trabalho que deu origem ao livro *Assault on paradise*.

Na foto embaçada pelo tempo, o espaço hoje ocupado pelo restaurante vizinho Mar Aberto era o bar do Mano, já falecido, em meio a um conjunto de casinhas com teto de palha que ele alugava. Coló evoca, dentre os filmes rodados na vila, *Onde a terra começa* (dirigido por Ruy Santos e estrelado por Irma Álvarez, Luigi Picchi, Maurício Nabuco, Zózimo Bubul e Nara Leão). Havia cenas de nudez filmadas ao nascer do sol, para driblar a curiosidade do povo. Menina na época, Coló adorava acompanhar o movimento dos artistas, hospedados em uma casa na praça.

O varandão do Mar Aberto, que se tornou referência culinária na orla norte, assenta-se em continuidade ao nível da praia – diferente, mas não menos atraente que o salão janelado de Coló. Montado há mais de 30 anos pelo homem de teatro João Sá e seu parceiro belga Thierry, o ambiente exala ares de simplicidade praiana regida pelo bom gosto, com trabalhos de artistas locais nas paredes e uma clientela de moradores, turistas, veranistas dos condomínios e balneários que proliferam em praias próximas, além de gente de Salvador, que dá uma esticada para curtir Arembepe e desfrutar aqui de um dos mais esplêndidos ambientes do planeta. Para esperar o pôr do sol na ampla varanda, aberta à linha de recifes onde as ondas quebram, contemplando o remanso onde os barcos coloridos balançam, bebericando e degustando o que de melhor o mar pode oferecer.

Proliferam ainda, nesta Arembepe repaginada e agitada do século XXI, lugares bem-postos para flanar, banhar-se, comer e beber. Quem está na área aprecia pegar uma praia pela manhã, sendo boas opções um mergulho na piscina natural em frente à tradicional barraca de Jamelão, para o lado do Piruí, onde se pode traçar um acarajé (ou abará) cortadinho no prato com camarão, vatapá, caruru e pimenta, ou baixar na barraca do Swel, ali perto, e papear com os surfistas descolados que se enturmam sob a cobertura híbrida de telha e palha.

Ali mesmo no Piruí, entre o Swel e o Jamelão, um portão discreto em um muro branco dá acesso à pousada A Capela, das sócias Claudia Giudice e Nil Pereira, um ambiente charmoso e pra lá de aconchegante. Obras de arte em toda parte, quartos amplos, rango de esmerada feitura, um deck com piscina de onde se pode descer para o banho de mar ou mirar "do primeiro andar" as praias e coqueirais de Arembepe ao norte e ao sul. Jornalista de formação, Claudia foi diretora de revistas de circulação nacional e largou tudo para viver produtivamente na vila, atuando pela preservação ambiental e resgate do capital simbólico da Aldeia Hippie, enquanto a parceira Nil é uma bem-sucedida produtora de eventos com artistas de primeira linha.

Ainda na banda sul, no limiar da área central de Arembepe, a Pousada da Fazenda mantém-se altar dedicado à saga contracultural e naturista dos hippies dos anos 60 e 70, sob a regência sacerdotal de Missival, personagem *cult* e memória viva do underground arembepiano – o global que se fez local!

Se, na direção sul, a via que percorre linearmente o Piruí esbarra na entrada de um hotel de evangélicos e, ao lado, na guarita de um condomínio de classe média alta, a direção oposta, ao norte da vila, continua a exercer seu magnetismo para muita gente que não dispensa o passeio até a Aldeia Hippie. Ela resiste como pode à desfiguração e degradação ambiental que a ameaçam por todos os lados, com incompreensível omissão da Prefeitura de Camaçari e do órgão ambiental do Estado, que fazem vista grossa à livre proliferação das invasões e condenam à irrelevância o potencial turístico e ambiental assentado no capital simbólico ali amealhado. O preço a pagar será demasiado alto, todos sabem e todos parecem ignorar. Quando as águas das lagoas e do rio se tornarem marrons, o espírito da aldeia não terá mais o que envolver.

Da lendária Casa do Sol Nascente permanece a duna alta varrida pelos ventos, dominando o santuário ecológico que abrigou por quase uma década viajantes-cabeça e de corpo de todos os rincões e dialetos, harmônicos com a natureza, apreciadores da vida em comunidade, do amor desencucado, do misticismo oriental e da psicodelia que desacorrenta o ego e abre portas e janelas. Seguindo a tradição dos tupinambás ancestrais, eles moravam em cabanas de palha e madeira, cantavam e dançavam em volta de fogueiras e tomavam banhos naturistas no Rio Caratingui.

As duas primeiras décadas do século XXI são testemunhas de que as energias telúricas da região continuam a vibrar e, de alguma forma, mantêm viva a magia original da aldeia, ainda isolada e preservada no essencial. E a vila, ocupada (em especial no verão e nos fins de semana) por gente menos chegada à ecologia do que os "invasores" hippies, e por enxames de veículos, som de qualidade duvidosa nas alturas, lojinhas de miuçalhas orientais, filas em lotéricas, mercadinhos e aquela urbanização marqueteira que gosta mais de aparecer do que de ser.

Em toda parte, a formigação de neo-emergentes da cultura consumista e noveleira, além do lumpesinato, tangido como sempre para as margens e, agora, construindo seus puxadinhos e gambiarras nos santuários ambientais da área. Antes, só os ricos os profanavam, o que não deixa de ser revolucionário. Cena brasileira dos anos recentes que, em Arembepe, tem moldura inigualável.

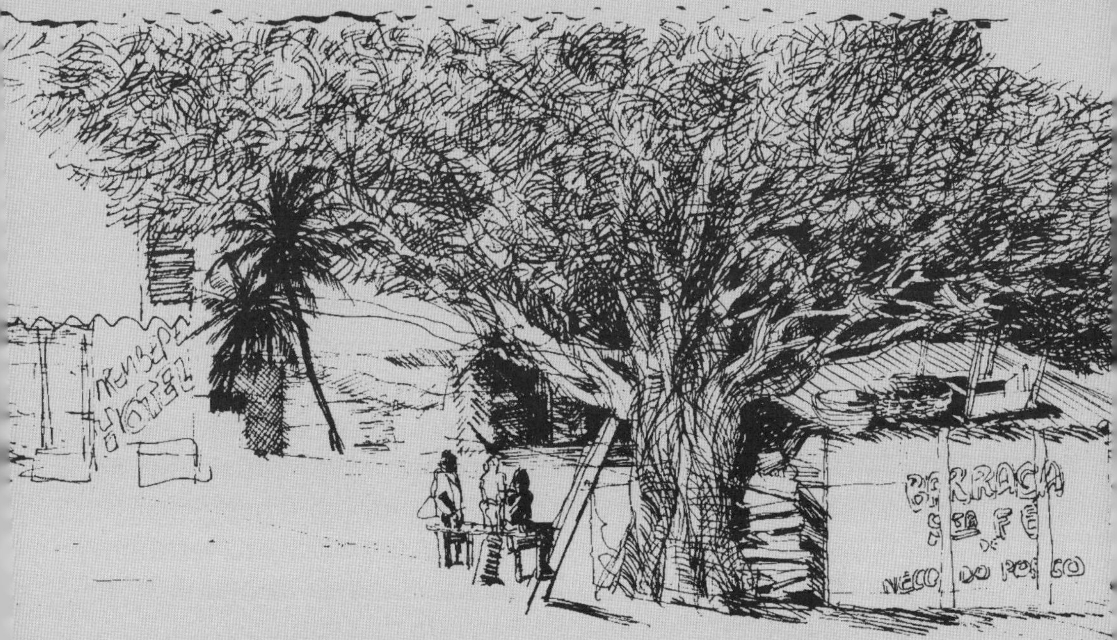
BARRACA
DE

O QUE FICOU
POR SÉRGIO SIQUEIRA

Comida orgânica, compartilhamento, desapego, espiritualidade, exploração de outras zonas da mente, comunidade, simplicidade, link com o Oriente, sonho, amor à natureza, arte... Valeu a pena? O que ficou? Ficou alguma coisa do jeito que estamos hoje? Não sei, a única certeza é que foi uma grande aventura e quem viveu os anos 70 nunca vai esquecer essa década na Bahia, período em que Salvador e Arembepe eram imaginários do mundo.

Uma frase de Sandete chamou a atenção da jornalista Denis Rivera: realmente, nunca tinha ouvido ninguém dizer, foi que a turma que seguiu os conceitos da revolução hippie, na realidade, tinha medo de pegar em armas. É um bom debate, mas não tira o mérito da luta, à medida em que se estava tentando uma outra revolução, conseguir viver à margem do sistema, ou saber entrar e sair dele, criando códigos próprios e, assim, fazendo uma outra sociedade. O pacifismo também era pregado e uma foto emblemática é aquela de um hippie colocando uma flor no cano do fuzil de um soldado.

No filme *Os filhos de João*, de Henrique Dantas, Galvão sintetiza a derrocada, assim como foi a derrocada da luta com armas, numa frase: "Nós pensávamos que éramos mais fortes que o sistema, mas o sistema era muito mais forte que a gente". Em ambas as revoluções, muitas foram as vítimas. Emblemático foi o caso do hippie preso e torturado em Salvador, que, quando foi solto, subiu até o alto do Elevador Lacerda e, antes de se jogar, gritou: "Eu também sou gente!".

O ator e dramaturgo Domingos de Oliveira disse que o grande erro da esquerda foi achar que o movimento hippie era o seu antagonismo, quando na realidade era o complemento, e finalizou dizendo ter sido isso um erro imperdoável. Outro bom debate.

Folheando fotos da época e uma série de desenhos inéditos enviados por John Chien Lee, fica a torcida para que esse período seja mais esmiuçado. Vale a pena, o planeta nunca precisou tanto de sonho, num momento em que tudo ficou velho.

Sérgio Guida – "O planeta nunca precisou tanto de sonho, num momento em que tudo ficou velho". Sonhos são possíveis!! Desejo que apareçam mais e mais pessoas com registros dessa época. Nos anos 70, parecia que tinha uma magia funcionando, costurando coisas, pessoas afins e eu presenciei fatos e histórias que hoje parecem realmente impossíveis. Estranho e surreal é este momento do mundo todo, robotizado, enrijecido por uma cultura global de consumo.

Sérgio Siqueira – Verdade, mas a geração que veio depois se impressiona e gosta – sem sonho não há vida e hoje é tudo que a vida na Terra precisa, um sonho para prosseguir e enxergar a luz no fim do túnel.

Lígia Brandão – Meu Deus! Estou confirmando que, quando se tem uma infância feliz, a sua vida segue dentro desse contexto de felicidade. Não vejo a hora de ler esse livro sobre Arembepe, onde passava as minhas férias de 1960 até 1986, quando fui morar fora. Quantas histórias para contar e recordar; os pesquisadores alugando a nossa casa, a filmagem do *Ela, onde a terra começa*, do cineasta Ruy Santos, tendo como protagonistas Irma Álvares e Maurício Nabuco. A Aldeia Hippie vimos nascer. São muitas e tantas histórias que só um livro para contar a milionária vida de cada um dos habitantes dessa comunidade excepcional que é AREMBEPE!

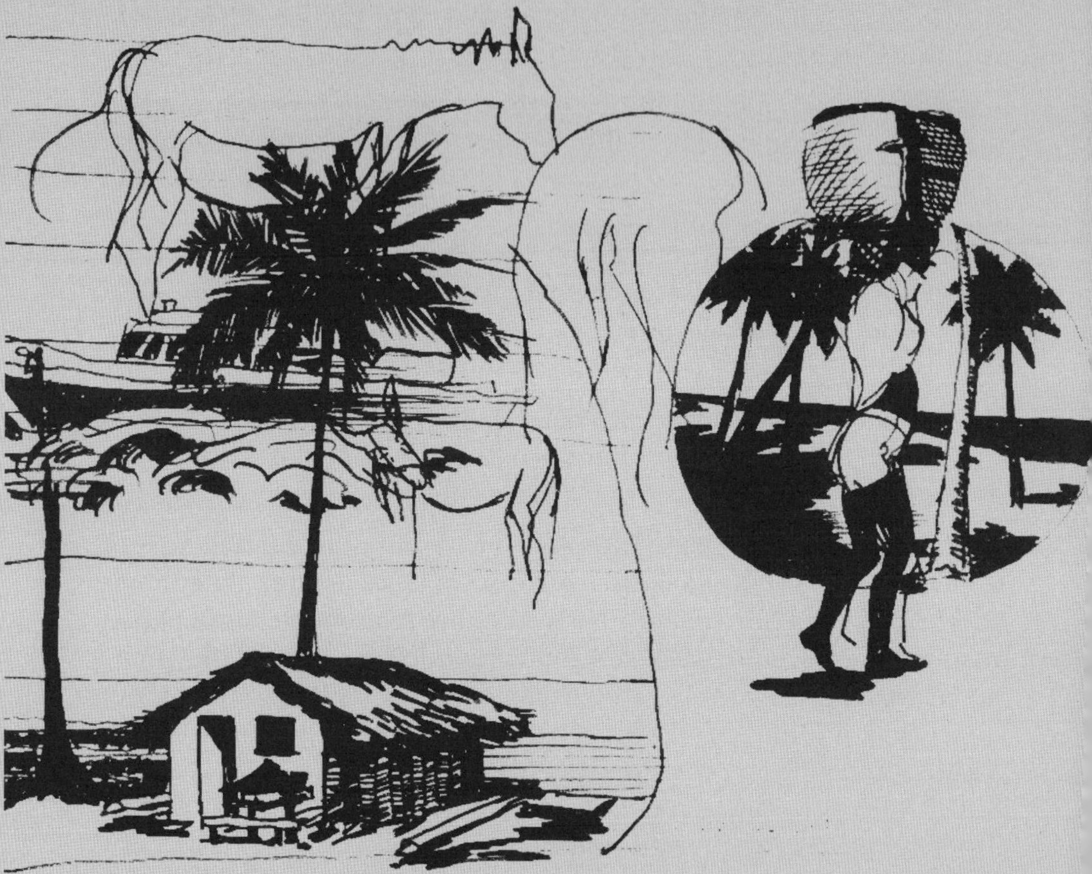

AREMBEPE DO MEU SONHO, AQUI E AGORA
POR CLAUDIA GIUDICE

Arembepe, aquela que nos envolve, vale este livro porque é transcendente. Paradoxal. Surpreendente. Inesquecível. Insuportável. Sedutora. Traiçoeira. Ardilosa. Paradisíaca... Quanto mais tento defini-la, mais me perco em suas curvas e dobras.

Arembepe, se fosse gente, seria mulher. De pernas grandes, formas generosas, como as moças lindas, maravilhosas, desenhadas pelo artista John Chien Lee, arembepeiro nascido na China. Como as mulheres de romance picante, de samba-canção, como as divas e musas, tipo Sandete. Arembepe é a mulher da fantasia machista, que dá corno. A mulher que esquenta a roda de samba. Ousada, ela te seduz, te atrai e pode, porque não, te trair. Como a mulher na taça da canção. Como a Rita que leva o sorriso e o violão do cantor. Mas você não consegue deixá-la. Danada como a Rosa que arrasa projetos de vida e é a estrela do seu caminho, ela te abandona e você não consegue esquecê-la. Te esquece na noite escura, mas jura que um dia volta para casa.

Viver na Arembepe no século XXI é conviver com seus defeitos e qualidades mais intrínsecos. Tem sujeira, bagaceira e zoeira do fim de semana, quando ela é invadida por visitantes que acreditam estar em Copacabana. Cerveja, caixa de som, churrasco. A praia é de todos, fato, mas falta respeito, educação e amor pela natureza. A galera chega cedo e enche as ruas, praças e praias. Sobram carros, barulho e lixo. De terça a sexta-feira, Arembepe se recompõe e se enfeita para seus pescadores, nativos e moradores. O mar lambe as praias vazias e a loucura do fim de semana fica esquecida até o próximo feriado de sol.

Nesse ínterim de sossego, quem jurou partir para nunca mais voltar se acalma e crê que tudo pode ser diferente quando o inverno e o ordenamento urbano chegarem. Eu sou desse time. Me apaixonei por Arembepe em 2009, em uma viagem retornando de Sergipe. Quando fui embora, depois de um rápido banho de mar, tinha lágrimas nos olhos. Por ela, estava disposta a mudar de vida e um dia deixar São Paulo, minha terra natal.

Em 2012, inaugurei, com Nil Pereira, uma pousada na Praia do Piruí. A pousada A Capela é um sonho que se tornou realidade de 17 apartamentos e milhares de hóspedes por ano. Em 2014, perdi o emprego e o rumo. Fui demitida depois de 23 anos de uma bem-sucedida carreira jornalística na Editora Abril. Vim para Arembepe curar as feridas. Aqui escrevi um livro chamado *A vida sem crachá*, que, mais do que fazer sucesso, ajudou muita gente a se recuperar da dor de também perder o emprego. De novo, Arembepe fez parte da minha história.

Em 2020, mudei de vez para cá. Vim fugida, depois de perder pai e mãe de câncer em um período de apenas seis meses. Estava desnorteada. Arembepe, de novo, me abrigou, me abraçou, me envolveu e me curou com sua luz, suas cores e seu mar. Há os que acreditam em disco voador. Também há aqueles que creem que Arembepe ainda guarda um quê da utopia, que um dia a fez ser o umbigo do mundo. Verdade. Essa dona, às vezes cansada, vítima de desprezo das autoridades municipais e de preconceito por parte dos soteropolitanos caretas da Bahia branca, é santuário, abrigo, guardiã. Ela mantém, sabe Deus onde, a centelha da paixão.

Antes de o planeta estar ameaçado por uma crise climática, Arembepe já era o ponto de encontro de todos aqueles que acreditavam que um mundo melhor era possível. Por isso, se consagrou como a aldeia global da contracultura, da paz, do amor, da luta pelos direitos humanos, da defesa da diferença, da diversidade e da sustentabilidade. Arembepe sempre esteve além do seu tempo. Nasceu moderna, com sua fonte do Cacimbão, almejando o futuro, quando todos esses assuntos não tinham nem nome, muito menos lugar de fala.

Sereia, Arembepe me encanta. Nas noites de lua cheia, deliro e me convenço de que ela sempre será o destino da esperança, do sonho e da utopia. Aqui fiz meu negócio. Aqui pretendo fazer minha casa para enfrentar o inverno da velhice. Será que perderei a memória? Será que saberei onde estou? Será que saberei recitar a canção de Waly Salomão, *Arembepe do meu sonho*, que traduz com poesia o que tento explicar com prosa?

Você por acaso esqueceu a buzina do vapor barato?
Apagou a fita daquela canção
A Casa do Sol Nascente?
Enfiou a tesoura na transação?
Passou a gilete na ligação?
Meteu a borracha no traço de união
Ocidente-Oriente?
Passado, futuro, presente
Fundido e confundido na minha mente

A todo vapor
Barato era tudo e muito mais
As curvas da Estrada de Santos
O motor fervia, o carro rugia, meu amor

O coração batia tão veloz
Mas o mundo corria muito mais veloz que nós
Mais veloz que nós

O revólver do meu sonho atirava
Atirava no que via
Mas não matava o desejo
Do que ainda não existia

Interfone, blitz, joaninha, computador
O futuro comum de hoje em dia
Que eu, cigana, já pressentia
Mas você não percebia no espelho retrovisor
O Revolver dos Beatles disparava nas paradas
Me assustava, me encantava e movia
E eu ia, e eu ia, e eu ia
Ricocheteava

Arembepe, Woodstock, Pier, verão da Bahia
Arembepe, Woodstock, Pier, verão da Bahia

O revólver do meu sonho atirava
Atirava no que via
Mas não matava o desejo
Do que ainda não existia

Arembepe é mulher e é fênix. Nos meus sonhos mais bonitos, os brutos, os corruptos, os invasores, os inomináveis, os deselegantes, os feios, os sujos e os malvados vão partir para nunca mais voltar. Escolherão outra praia perto daqui, com mais glamour, mais potencial, mais depósitos de cerveja e lojas de bugigangas. Levarão suas tralhas, sua ganância e seu lixo, inclusas suas caixas de som e seus carros estacionados na calçada. A natureza esperta, rapidamente, recuperará suas raízes. As dunas voltarão a crescer. O rio ficará caudaloso. As lagoas cheias de água, peixes, pássaros e sucuris. Os moradores ficarão felizes, orgulhosos e dispostos a receber com carinho novos visitantes, como era no passado, na época da Dona Deja, da Coló e da Dué. Os filhos, netos e quiçá bisnetos da turma que um dia elegeu Arembepe para ser a sucursal do paraíso, voltarão com suas mochilas ou malas de quatro rodinhas para veranear de janeiro a janeiro. No revolver do meu sonho, Arembepe pode ter um aqui e agora indefinido, no tempo em que a voz não fala mas o coração tributa. Aqui de onde o olho mira. Porque, apesar de você, Arembepe é meu umbigo, o melhor lugar do mundo.

PARTE 2
ASSALTO AO PARAÍSO

ENTRE AS LAGOAS E O MAR

No inverno de 1962, um grupo de quatro universitários americanos embarcou em uma caminhonete Rural com tração nas quatro rodas para encarar os 55 quilômetros da estrada sinuosa e lamacenta no litoral norte de Salvador, em uma viagem de três horas que atravessou a ponte antiga sobre o Rio Joanes, seguiu por Abrantes, margeou Jauá e alcançou Arembepe, na época uma aldeia de pescadores isolada do mundo.

Um daqueles jovens, Conrad Kottak, descreve as primeiras impressões na chegada: "Areia, lagoas e mais areia depois da lama. Depois de chuvas pesadas, cruzar as lagoas que circundavam Arembepe a oeste fez o carro parecer um barco a motor. As águas invadiram o piso da cabine e algumas vezes interrompeu a máquina. Depois das lagoas vieram as dunas com densos coqueirais, aumentando a dificuldade. Para alcançar a vila, foi necessário procurar marcas de pneus de outros carros e pisar fundo no acelerador".[27]

As dificuldades da chegada foram recompensadas com a visão do paraíso ambiental cuja singularidade e magnetismo têm atraído, ao longo do tempo, visitantes de todas as partes do mundo, com um conjunto de diferenciais que mesclam ecologia, tribalidade e cosmopolitismo. Atributos que decerto se somaram à veia pesquisadora do jovem Conrad, que entendeu as particularidades e vislumbrou os potenciais que distinguiam Arembepe.

---

27 Kottak, 2018, pg. 6.

> O acadêmico Conrad Phillip Kottak[28] retornou 16 vezes[29] a Arembepe, entre aquela primeira visita de 1962 e a última, em 2004, acompanhando, durante 40 anos, a evolução socioeconômica e cultural da vila em um período de profundas mudanças. Alcançou com esse trabalho o grau de doutorado e sumarizou os resultados em *Assault on paradise*, livro que chegou à quarta edição, tornou-se referência em etnografia e antropologia e, embora reúna um acurado e precioso repertório de informações sobre o tema e a região, continua ignorado por governantes e instituições de ensino, pesquisa e cultura da Bahia.

A chegada dos gringos chamou a atenção dos moradores. Em seu livro, Kottak relata que, ao entrar na vila, um bando de crianças perseguiu o carro pelas ruas até a casa na praça onde se alojaram, o que se repetiu nos dias seguintes, com as crianças seguindo-os por onde fossem. Por semanas, não houve um dia sequer de privacidade: os meninos chegavam nas janelas e observavam cada movimento na sala. O pesquisador viu que a vila era compacta, a maioria das paredes tocava nas paredes dos vizinhos: "Não surpreende que os moradores não trancavam as portas. Quem poderia roubar algo e manter isso em segredo?".

Outra impressão de chegada foi que a vida da comunidade se orientava pelas águas: o mar, onde os homens pescavam, e as lagoas, onde as mulheres lavavam roupas, pratos e os próprios corpos. A água potável, no entanto, encontrava-se em um poço grande (*big well*), a dois quilômetros, e era vendida na vila em barris. Os mais pobres bebiam a água das lagoas, causando problemas de saúde, especialmente nas crianças.

---

28 Conrad Kottak tem quase uma dezena de livros publicados e diversos ensaios, estudos e trabalhos nos campos de antropologia e etnografia em jornais e revistas científicas; é doutor pela Universidade de Colúmbia, professor emérito da Universidade de Michigan e membro da Academia Americana de Artes e Ciências e da Academia Nacional de Ciências, na qual ele presidiu a cadeira de antropologia entre 2010 e 2013.

29 Conrad Kottak retornou a Arembepe nos anos de 1964, 1965, 1973 e 1980, anualmente entre 1982 e 1987, e entre 1991 e 1994, e ainda em 2003 e 2004.

Levantamentos feitos pelo grupo, na época, registram a pesca como a atividade principal de quase três quartos dos adultos ocupados na vila: 134 eram pescadores, entre os cerca de 180 homens que desenvolviam atividades produtivas. Os moradores compravam querosene, arroz, açúcar, feijão, café, banha, fósforos, refrigerantes, cerveja e cachaça nos 12 pequenos armazéns locais – um para cada 60 dos 730 habitantes.

A conjunção de belezas naturais com o apelo de uma prosaica povoação de pescadores havia, já, atraído um punhado de turistas e veranistas que ocupavam casas em 1962, apesar das más condições da estrada, a maioria da classe média baixa de Salvador. O serviço limitado de ônibus iniciado em 1964 trazia pouca gente, e o fluxo só aumentou com as melhorias da rodovia, em 1970.

Envolvidos naquele cenário deslumbrante, os quatro pesquisadores sentiam-se apartados do mundo: no período em que lá estiveram, apenas um carro que não o deles chegou à vila, dirigido por um comprador de peixe de Salvador. Uns poucos moradores tinham rádios, e as estações que sintonizavam raramente traziam notícias do exterior.

1973: DE ALDEIA DE PESCADORES A PARAÍSO TURÍSTICO

Em sua visita em 1973, 11 anos depois da primeira, Conrad Kottak surpreendeu-se com o crescimento do número de casas de veraneio ocupadas por gente da classe média e média alta de Salvador, em grande parte habitações confortáveis em lotes em frente ao mar, no Piruí, ao sul da vila. Na praça da igreja e nas ruas que se formavam a norte e a oeste surgiram construções de tijolos e telhas, e o quadrado da Praça dos Coqueiros começava a se configurar. Em Caraúnas, uma concentração de cabanas com tetos de palha havia se formado em uma área de lagoas à direita da via de acesso à vila.

A população e a construção de habitações cresceram bastante entre as duas visitas de Kottak, que atribui à melhoria do acesso o fluxo de emergentes de Salvador, que começaram a procurar propriedades na praia. Arembepe, a apenas uma hora de distância em via asfaltada, era vista como um bom lugar para construir. Gente da classe média da capital estava comprando casas na praça central e no retângulo ao norte, derrubando-as e reconstruindo melhores.

Kottak registra em seu livro que "comparado com as 159 casas e 730 pessoas em 1964, o núcleo de Arembepe tinha agora 280 casas e mais de mil residentes permanentes. Adicionados esses números às 44 casas e às 180 pessoas de Caraúnas, mais as 16 casas e as 55 pessoas de Caratingui, havia um total de 340 casas e mais de 1.200 residentes em 1973". O antropólogo reconhece que "a precisão desse censo foi dificultada pelo crescimento pontual da população nos fins de semana, nas estações ensolaradas e nas férias escolares. Essa dificuldade agravou-se entre 1969 e 1972, quando centenas de hippies alugaram casas e cabanas ou acamparam nas praias e coqueirais".[30]

A farmácia mais próxima ficava a uma hora de ônibus e ainda não havia chegado luz elétrica nem telefone, mas muitos moradores possuíam, agora, conveniências modernas tais como lâmpadas e fogões a gás de botijões, banheiros, chuveiros e refrigeradores. Embora houvesse uma escola nova e mais ampla, a qualificação dos professores não havia melhorado desde 1962, quando nenhum deles fora educado além do terceiro grau. O analfabetismo era ainda comum, com um terço da população adulta totalmente inapta para ler e escrever, e outro terço sabendo escrever apenas o próprio nome.

Kottak registra nessa estadia a gênese – e o rápido declínio – da comunidade hippie: "Uma terceira comunidade satélite, mais tarde conhecida como Aldeia Hippie, havia se desenvolvido a dois quilômetros ao norte, perto do Rio Caratingui. Hippies internacionais se juntaram a uns poucos pescadores do rio que mantinham cabanas improvisadas na área. Em 1973, esse agrupamento havia se reduzido a uma pequena aldeia com 16 cabanas". Alguns hippies remanescentes residiam também na parte sul da vila, em casebres que reformaram e pintaram: "Os interiores das cabanas eram agora arrumados e mais atraentes. Em uma delas, por exemplo, esteiras claras de palha protegiam uma mulher francesa e seu filho franco-italiano, de 7 anos, do contato com o solo".[31]

O fenômeno da "invasão hippie", que marcou o fim dos anos 60 e o início dos 70, havia declinado pouco antes dessa segunda visita, em 1973 (era, ademais, inverno, sabendo-se que a concentração de hippies se adensava no verão), mas Arembepe acumulara um notável capital simbólico e se tornara conhecida internacionalmente, afirmando-se como atrativo turístico diferenciado, o que se consolidou com o asfaltamento da rodovia.

---

30 Kottak, 2018, pg. 26.
31 Kottak, 2018, pgs. 25 e 23.

O antropólogo resume as principais dinâmicas que promoveram mudanças na vida local, entre a metade dos anos 60 e a metade dos 70: a motorização da pesca, o turismo e a "invasão hippie", a poluição industrial e a suburbanização, a partir da pavimentação da rodovia até Salvador.

A LAGOA MARROM

A respeito da poluição, o livro *Assault on paradise* resgata importantes fatos conhecidos e acontecidos em 1973. A pavimentação não havia chegado até Arembepe, interrompendo-se cinco quilômetros ao sul, justo na porta da indústria de óxido de titânio que ali se instalou: a Tibrás – Titânio do Brasil SA, corporação germânico-brasileira (a Bayer detinha 38% do capital), que bancou 80% dos custos do asfaltamento. Com a energia elétrica, deu-se algo parecido: a eletrificação da fábrica ocorreu em 1970, e só sete anos depois chegou em Arembepe.

A mídia nacional já havia exposto o potencial de poluição do dióxido de titânio, e comentava-se que, por esta razão, a planta industrial fora recusada em outras localizações. Sabia-se, além disso, que aquela indústria pouco agregava à cadeia produtiva local: a matéria-prima principal era a areia preta importada da Austrália e o enxofre do México e da Venezuela. Mas não houve força política, social ou midiática – no município de Camaçari, nos órgãos ambientais do Estado, entre os formadores de opinião – capaz de barrar aquele empreendimento notoriamente agressivo ao meio ambiente, e a passagem do irrazoável para o pesadelo foi um passo tão incompreensível quanto rápido, maculando profundamente um ecossistema que merecia tratamento de santuário. Comprometeu ainda a principal atividade econômica de Arembepe por décadas, a pesca, e também a vocação promissora e diferenciada da região para o turismo.

A desalentadora novidade apresentou-se naquele ano a Kottak, que registra:

Desde que Arembepe se iniciou, em torno de 1900, os moradores usavam a água da lagoa para lavar roupa e louça e para o banho diário. Tudo isso havia mudado em 1973. Antes azul-esverdeada e limpa, a lagoa de Arembepe transparecia agora o marrom morto da água de um vaso de flores apodrecidas [...]. O efeito da poluição era visível através do sistema de lagoas, marcante nas águas internas próximas à fábrica, entre Arembepe e Jauá, a vila de pescadores próxima ao sul. Repórteres que visitaram Arembepe em junho de 1973 ouviram dos moradores reclamações de que a água da lagoa agora arruinava as roupas e queimava os olhos e as narinas. [...] Mulheres que costumavam lavar roupas há anos lidavam com grandes manchas amarelas e buracos nos tecidos. Muitos arembepeiros agora pegavam no big well a água para tomar banho.[32]

A poluição causada pela Tibrás atraía a atenção da mídia em 1973, conferindo aos arembepeiros, nas palavras de Kottak, "um novo campo de influência, o que eventualmente fez parar a poluição mais óbvia. Através da Bahia e do Brasil, a população ouvia falar da destruição da 'natural' e 'simples' vila de pescadores por uma corporação multinacional. (...) Com a opinião pública nacional e estadual mobilizada contra a fábrica, alguma coisa tinha que ser feita (e foi feita, por meio de um controle mais efetivo da poluição, em 1980)".[33]

---

32 Kottak, 2018, pgs. 20 e 21.
33 Kottak, 2018, pg. 81.

1980: O MUNDO SE ABRE PARA AREMBEPE

Conrad Kottak retornou em 1980 para uma temporada de três semanas, acompanhado da mulher e dos dois filhos e de dois outros antropólogos. Muita coisa havia mudado, Arembepe estava "maior e mais limpa" e uma grande quantidade de bares, restaurantes e pensões davam testemunho do papel crescente do turismo na economia local. Em um domingo à tarde, eles contaram mais de 300 carros circulando na vila.

Com a disseminação da energia elétrica, rádio e televisão, os moradores estavam informados e ligados em temas e eventos nacionais e internacionais. "A impressão de que o sistema global erodia diferenças culturais acompanhou-me desde Salvador até Arembepe, onde vários telhados estavam ocupados por 'espinhas de peixes' das antenas de TV. [...] Impressionaram-me as residências luxuosas nas praias a leste da fábrica. Embora a poluição da lagoa houvesse cessado, o ácido sulfúrico ainda era derramado no Atlântico, a menos de três quilômetros daquelas casas".[34]

A população imigrante permanente de Arembepe havia inchado de 24% em 1964 para 41% em 1980. Entre esta e outras observações do antropólogo nessa visita, a Estrada do Coco havia se estendido 20 quilômetros ao norte além de Arembepe, e numa esquina do retorno da pista para a entrada da vila surgira um novo povoado satélite, a Volta do Robalo, onde vários arembepeiros com recursos haviam comprado lotes e construído casas. Caraúnas estava mais atraente e havia dobrado de tamanho – agora eram cem casas.

---

34 Kottak, 2018, pgs. 29 e 30.

Os barracos com cobertura de palha de 1973 eram, agora, estruturas mais elaboradas, com telhas. Para ele, a visão mais agradável foi a lagoa, cujas águas haviam retomado a cor natural. Mulheres lavavam roupas e crianças se banhavam.

2004: FECHANDO O CICLO DE 40 ANOS

Entre 1996 e 2003, Conrad Kottak dirigiu o Departamento de Antropologia da Universidade de Michigan, o que, entre outras responsabilidades, impediu-o de voltar a Arembepe por nove anos. Nos preparativos para a visitação de 2004[35], esperava encontrar grandes mudanças, o que se confirmou mais no grau do que na tipologia. Mais do mesmo, em lugar de fatos novos radicais.

O processo de globalização e urbanização estava trazendo Salvador e o mundo para mais perto de Arembepe, e a rodovia tornara-se a interestadual Linha Verde. Implantara-se o pedágio perto da entrada de Jauá, a Tibrás havia sido vendida para uma companhia americana, o Bradesco instalara uma agência na praça principal de Arembepe e, no lado oeste da rodovia, junto à entrada da vila, havia um novo – e favelizado – satélite habitacional, a Fonte das Águas.

Tornara-se comum encontrar policiais fazendo ronda com metralhadoras, e algumas pessoas diziam ser perigoso andar em Arembepe à noite. O ecológico Projeto Tamar instalou-se entre Arembepe e a Aldeia Hippie, surgiram pousadas e restaurantes estruturados, a maioria administrados por pessoas de fora. A educação continuou a melhorar, com novas escolas públicas e privadas, e algumas vias e satélites receberam pavimentação.

---

35 Kottak, 2018, pgs. 202 e 211.

OS HIPPIES NA ALDEIA E NA MÍDIA

Embora o doutor Kottak não se ligasse, declaradamente, nos hippies em Arembepe, o seu trabalho contemplou-os com discernimento e rigor acadêmico, e os registros do seu livro são preciosas contribuições para o entendimento histórico e antropológico do fenômeno – na Bahia e no Brasil, de tão parcos registros, e no mundo. As páginas 81 e 82 do seu livro são elucidativas:

O escândalo da poluição foi o segundo encontro com a mídia. A invasão pós-Woodstock por hippies internacionais alçaram o tema ao reconhecimento nacional, através de matérias nas mídias brasileiras equivalentes aos americanos Time e Newsweek. Havia hippies em Arembepe, já em 1966-1967. Vieram inicialmente no verão e eram principalmente brasileiros. Quando o movimento hippie tornou-se internacional e a geração flower power se dispersou depois do festival de Woodstock (em Bethel, Nova York), jovens de todo o mundo, incluindo americanos, começaram a "pingar" em Arembepe.

Em 1970 e 1971, as gotas viraram inundação. Muitos hippies moravam em Arembepe, mas o principal enclave foi a aldeia. Era um assentamento nos bancos de areia do Rio Caratingui, cujas águas, represadas por formações e dunas antes de se encontrarem com o Atlântico, davam uma volta e irrigavam a parte sul, configurando um sistema de lagoas. O uso do termo "aldeia", usualmente aplicado a povoações de tribos indígenas, simbolizava a tentativa hippie de redescobrir a natureza e criar um estilo de vida simples, comunitário e primitivo.

Os hippies apreciavam não somente a beleza natural, mas também o custo barato da alimentação e aluguel em Arembepe. As cabanas nas franjas norte e sul da vila podiam ser alugadas por quase nada. Mulheres locais podiam preparar a comida e lavar a roupa.

Muitos dos hippies eram "urbanitas" que não queriam trabalhar. Eles podiam conceder-se uma existência prazerosa e relaxada com o dinheiro que traziam e ocasionais contribuições de parentes. A migração hippie de Arembepe para a aldeia não era meramente a busca de isolamento. Tornou-se uma necessidade econômica com a chegada dos turistas de classe média baixa de Salvador, dispostos a pagar mais pelos aluguéis do que os hippies. O custo da moradia, alimentação e vida cresceu, quando o turismo aumentou.

OS HIPPIES NA VISÃO DOS MORADORES

As entrevistas e levantamentos de campo do "Professor Conrado", como muitos o chamavam, possibilitam um entendimento do fenômeno hippie do ponto de vista dos moradores de Arembepe, que com eles se relacionavam ou os conheciam de perto, em grande medida divergente de estereótipos que circulavam nos meios de comunicação e na opinião pública das grandes cidades. Além, claro, dos depoimentos testemunhais e registros dos próprios hippies, disseminados em publicações (o livro *Naquele tempo em Arembepe*, de Beto Hoisel[36], é peça de referência), fotos, vídeos, filmes, artesanatos e o que mais tem circulado sobre o tema, mundo afora.

As notas do antropólogo registram que, para a população de Arembepe, os traços marcantes dos hippies eram o cabelo e as roupas. Hippies tinham longos cabelos, os homens com barbas eram hippies. Eles circulavam nas praias quase desnudos, os homens de tangas e as mulheres com sumários biquínis sem a parte de cima. Homens e mulheres tomavam banho nus, juntos, no Rio Caratingui. Os rapazes de Arembepe gostavam de banhar-se lá também, para desfrutar a visão das hippies nuas.

A aceitação dos moradores aos hippies variava entre a receptividade, a hostilidade e até a indiferença. Alguns os consideravam ladrões, vagabundos e inumanos, enquanto outros lhes conferiam uma visão positiva: "Essa gente trabalhava com artesanato, se comportava com decoro, falava respeitosamente e se ligavam nos próprios negócios. Diferente dos que tiveram passagem rápida, estes em sua maioria se tornaram moradores.

---

36 Ver nota 20.

Se não eram integralmente parte do sistema social da vila, ao menos não menosprezavam os seus valores".[37]

Alguns moradores entrevistados insistiam que "era preciso ter dinheiro para ser hippie". Eles acreditavam que muitos hippies eram ricos, o que lhes dificultava entender por que viviam daquela forma, desdenhando dos bens de consumo tentadores que faltavam a eles próprios, os nativos.

O antropólogo pondera que, para os brasileiros urbanos, a imagem do hippie exercia um fascínio midiático bem maior do que os de trabalhadores rurais ou visitantes de fim de semana numa cidade pequena. Na opinião de um funcionário da Prefeitura de Camaçari, os concertos de rock, o tráfico de drogas e o nudismo na aldeia criavam furor nos jornais e na TV. Com a poluição e os hippies monopolizando o olhar da mídia, não o surpreendeu o quanto os moradores da vila eram ignorados em tal contexto.

---

37 Kottak, 2018, pg. 107

ESPAÇO & TEMPO

Kottak expõe em seu livro que, para os moradores, a invasão mochileira dividiu a história de Arembepe em duas eras – antes e depois dos hippies. Os primeiros apareceram no verão de 1966-67, e o ápice da aglomeração se deu nos anos 1968 a 1971, particularmente nos dois últimos. Não durou longo tempo. Na visita que realizou em 1980, ele encontrou apenas nove hippies reconhecíveis, os quais, na opinião dos moradores, tornaram-se residentes permanentes.

Três segmentos foram observados na geografia da aldeia: "Na área sul ficava a concentração principal, com dez choupanas com tetos de palha. Ao norte dessa área, havia um coqueiral com cabanas feitas inteiramente de palha. Um pouco adiante delas estava o rio, onde vimos duas tendas minúsculas. A parte seguinte da aldeia era uma versão pobre de um albergue de jovens. Não se cobrava aluguel pelas choupanas de palha, onde poderíamos encontrar hippies americanos, ingleses, alemães, italianos e dinamarqueses. Um abrigo típico da vida precária hippie que os moradores de Arembepe vilipendiavam.[38]

> Embora o sistema mundial tenha uma crescente influência sobre vilas em todas as nações, poucas comunidades (dentro e fora do Brasil) experimentaram tantas mudanças ocorrendo tão rapidamente como Arembepe. Isso é o que a faz tão especial e tão digna de estudos antropológicos. *(Conrad Kottak)*

---

38 Kottak, 2018, pgs. 107-108.

UTOPIA EM LENTO NAUFRÁGIO

Tendo entrado no mundo da antropologia nos anos 60, como estágio de campo e objeto de mestrados e doutorados, Arembepe tornou-se um sítio de estudos longitudinal, onde gerações de pesquisadores americanos e brasileiros têm monitorado variados aspectos de mudanças e desenvolvimento e contribuído com pesquisas em diferentes segmentos do saber acadêmico. As informações e estudos reunidos por décadas estão disponíveis para uso.

"Em apenas 20 anos", concluía Kottak na visita de 1980, "Arembepe moveu-se de uma comunidade relativamente isolada, igualitária e homogênea para um estágio de diversidade ocupacional, diferenças religiosas, vizinhanças de alto e baixo status e classes sociais". Na visita de 2004, o antropólogo constatou que Arembepe havia mudado de vila para cidade e era, já então, quase um subúrbio de Salvador. Daí até 2020, um espaço de quase 15 anos, muita água correu debaixo da ponte, mas continuam atuais algumas observações sobre a situação em 2004 descrita na página 206 do livro *Assault on paradise*.

> *Turistas internacionais, incluindo neo-hippies, ainda fazem peregrinações à aldeia. De acordo com um website da época, a aldeia ainda celebra os princípios do movimento hippie, como a preservação da natureza. O Rio Capivara, a beleza dos coqueirais e a exuberância da praia conferem um ar de paraíso ao local, que enfatiza os ideais de liberdade, paz e amor. Ademais, o rompimento com a sociedade tradicional faz-se ainda presente na aparência pessoal e no estilo de vida da população da aldeia.*

"A conferir" é uma frase utilizada por jornalistas que se reportam a fatos com desdobramentos imprevisíveis e merecem acompanhamento. O fato é que, nos anos recentes, entre outras ameaças e agressões, verifica-se o crescimento de ocupações ilegais e precárias na margem oeste das lagoas, com destaque para a invasão do Sangradouro. A moradores pouco instruídos, que lutam por necessidades básicas, não seria de se esperar o interesse ou sensibilidade ao meio ambiente paradisíaco onde se inserem e no qual interferem.

Os governantes não fazem a sua parte e a ocupação irregular incha de tamanho, favorecida pela omissão do poder municipal e pelo alheamento do Inema, órgão ambiental do Estado que tem responsabilidades formais na região (o ecossistema é uma APA – Área de Proteção Ambiental). À parte algumas iniciativas isoladas de moradores e a cobertura eventual de veículos da mídia, pouco se tem ouvido falar sobre essa grave questão entre os formadores de opinião e as entidades da sociedade dedicadas à defesa do meio ambiente.

Sérgio Guida – Que venha o livro e que traduzam o livro de Conrad Kottak.

Rivelino Martins – O Professor Conrado mandou para cá dois pesquisadores alunos dele, na temporada de 1984. Ele ainda passou um mês hospedado na casa de Jaime Coelho. Vale lembrar que a esposa de Conrado é brasileira do Rio de Janeiro. Ele trabalhou muito com os pescadores da antiga vila de Arembepe.

CONRAD KOTTAK ATUALIZA CENÁRIO

No verão de 2022, quando *Aldeia do mundo* estava quase pronto para ir ao prelo, Claudia Giudice conheceu o professor Richard Pace, da Middle Tennessee State University, que viera a Arembepe para atualizar uma pesquisa sobre a evolução do impacto midiático no Brasil. Colega de Conrad Kottak, Pace dispôs-se a mediar uma breve entrevista com o etnólogo e escritor, que gentilmente acedeu em responder algumas questões, aportando comentários atualizados para o desfecho deste livro, em especial os prognósticos sobre o cenário tendencial de Arembepe e da aldeia na contemporaneidade.

Luiz Afonso – Professor Kottak, gostaríamos de ter a sua opinião crítica sobre as menções, no nosso livro, *Aldeia do mundo*, às suas estadias em Arembepe e ao livro *Assault on paradise*.

Conrad Kottak – Visitei Arembepe 16 vezes, entre 1962 e 2012. Suas colocações a respeito de *Assault on paradise* são acuradas, e aprecio bastante o que você tem a dizer sobre o livro. Não encontrei erros significativos ou itens necessitando correção. Este ano de 2022 marca o sexagésimo aniversário da minha chegada à vila. Pena que não posso estar aí, porque minha esposa, Beth, encontra-se doente.

LA – O senhor gostaria de traduzir e publicar o seu livro no Brasil?

CK – Claro que sim, mas até o momento não tivemos convite. Meu colega Richard Pace, que está em Arembepe atualizando a pesquisa, tentará encontrar uma editora brasileira. A Waveland Press deve publicar uma nova edição em inglês e, seguramente, negociará com editoras brasileiras que se interessarem.

LA – Na sua visão, qual o futuro reservado para Arembepe? A vocação para o turismo e as qualidades ambientais se mantêm como diferenciais viáveis para o desenvolvimento sustentável da região? A Aldeia Hippie tem ainda capital simbólico para constituir-se um atrativo internacional? O olhar do acadêmico que por tanto tempo estudou a vila e a aldeia identifica caminhos de superação das dificuldades atuais?

CK – Esta é uma questão deveras complexa, particularmente porque não tenho certezas nem estou otimista sobre o futuro do meu país, ou do próprio planeta. Com base na última visita a Arembepe, posso supor que as tendências dos anos recentes continuarão em curso: a vila será incorporada à área metropolitana de Salvador e o turismo continuará a se desenvolver, em especial na classe média baixa. São previsíveis, ademais, a mecanização da atividade pesqueira e o declínio desta como esteio econômico da comunidade, o incremento populacional, a expansão urbana e a poluição. O que há de novo é a crescente consciência ambiental e a luta pela preservação.

Não sei dizer se a Aldeia Hippie ainda tem energia para continuar a ser uma "aldeia do mundo". Não consigo imaginar se ela continua a oferecer a tranquilidade e o relativo isolamento que a caracterizavam no auge do movimento hippie. Se não merecer oficialmente o status de sítio histórico, acredito que a aldeia ficará sendo "apenas mais um ponto turístico" com aluguéis listados no Airbnb e no VRBO (*plataformas de aluguel por temporada*).

Sérgio Siqueira – Por que o senhor escolheu Arembepe como objeto de sua pesquisa em 1962? Na época, era uma vila isolada na vasta extensão do litoral norte da Bahia.

CK – Minha primeira visita ao Brasil foi organizada pelos professores da Universidade de Columbia, Marvin Harris e Charles Wagley (ele tornou-se meu sogro). Wagley era amigo do professor baiano Thales de Azevedo, cuja filha, Maria Brandão, estava na Vila de Abrantes e tinha contatos em Arembepe.

Éramos seis estudantes de antropologia e o programa Columbia-Cornell-Harvard-Illinois de estudos de campo de verão nos ofereceu três opções de local: Arembepe, Vila de Abrantes e Itapuã. Eu escolhi a vila de pescadores, assim como David Epstein e Isabel (Betty) Wagley (atualmente Kottak). Outros participantes do programa viveriam lá em 1963 e agregaram a mim e a Betty quando nós retornamos, em 1964. Nós ficamos encantados com a beleza, a natureza e a simplicidade do lugar, motivos que depois atraíram tantos outros jovens. Nós, no entanto, escolhemos Arembepe para pesquisar e não para viver à moda dos hippies.

SS – Como pesquisador, qual sua visão sobre o impacto do movimento hippie na pacata vila de pescadores? Eram estilos de vida muito diferentes.

CK – Sim. Muitos arembepeiros estranharam o estilo de vida hippie. Eu falo disso em *Assault on paradise*. No início, era comum ver crianças e jovens indo para a aldeia apenas para ver o pessoal tomando banho nu no Rio Capivara. Várias pessoas, a exemplo de Dona Deja e outras mulheres lavadeiras, descobriram que podiam ganhar dinheiro com os hippies e visitantes da aldeia. Houve histórias de paixão, como a do pescador Zucca (Aurino Alves), que deixou sua esposa para viver com uma hippie chamada Vera. Mas eu diria que a maioria dos aldeões viveu a vida sem prestar muita atenção nos hippies. Acredito que existiam problemas mais sérios, como a abertura da estrada e a poluição causada pela Tibrás no início dos anos 1970.

POSFÁCIO

ATUALIZAÇÃO 2017
CONRAD KOTTAK

Minha última visita a Arembepe aconteceu em 2012. Dessa vez, Betty e eu fomos acompanhados por nossa filha, Juliet, por seu marido, Kreton, e seus dois filhos – nosso neto mais velho, Lucas, então com 13 anos, e Elena, com 10. Permanecemos na vila por uma semana.

A casa de praia que alugamos é uma interessante ilustração da globalização implacável que também ocorre em Arembepe. Encontramos a casa no VRBO e no TripAdvisor. Os proprietários eram um casal (marido americano, esposa brasileira-americana), que trabalharam na vila com educação e extensão comunitária. Curiosamente era a mesma residência, agora renovada, que alugamos em 1973, quando ainda parecia estar muito distante do Centro da vila. Arembepe cresceu, como previ nos capítulos anteriores. Casas de forasteiros que ficavam ao sul foram incluídas no perímetro urbano.

Depois daquela breve visitação, a pesquisa continuou em Arembepe, sob meu patrocínio. Iniciei uma colaboração com o professor Richard Pace, da Middle Tennessee State University (na qual ele foi membro da equipe do nosso projeto de TV nos anos 1980) e alguns estudantes de graduação em pesquisa. A proposta é investigar a evolução do impacto midiático no Brasil, incluindo as novas mídias e as mídias sociais. Arembepe é um dos cinco campos de estudo da pesquisa, cujos resultados estão sendo agora objeto de análise. Simon Hurst-Dodd e Lucy Miller fizeram a pesquisa real desta vez (em 2013 e 2014) com financiamento que Pace e eu obtivemos da National Science Foundation.

A análise dos dados coletados e do questionário aplicado ainda estão em andamento, mas posso antecipar algumas descobertas. Com foco em novas mídias, descobrimos que cerca de 70% dos arembepeiros adultos possuem telefones celulares. Eles usam seus smartphones para trocar informações com amigos e familiares e para negócios, trabalho e comércio. Observamos uma forte divisão geracional entre comunicação por voz (por pessoas mais velhas) e mensagens de texto (por pessoas mais jovens). A maioria tem opiniões positivas sobre os telefones celulares, citando seu valor em fornecer informações sobre amigos e parentes dispersos.

O acesso pessoal e o wi-fi não avançaram o suficiente para condenar os cibercafés da vila, que são usados principalmente para Facebook e jogos. Alguns domicílios possuem computadores com acesso à internet, mas é muito mais comum os arembepeiros consultarem o Facebook em seus celulares. Empresas locais, agências governamentais e grupos cívicos têm sites – principalmente para promover o turismo. Tente pesquisar "Arembepe" no Google e veja o que encontra. As postagens no Facebook dos arembepeiros são diversificadas, mas geralmente compartilham imagens e informações sobre familiares e amigos.

Fiz amizade no Facebook com a neta do Alberto, um arembepeiro da velha guarda. Ela tem um computador em casa e mantemos contato. Os arembepeiros valorizam as novas mídias, mas não desprezam as mídias tradicionais como a televisão. Para eles, o importante é estarem conectados. Richard Pace e eu planejamos escrever um novo livro baseado nos resultados deste projeto sobre novas mídias no Brasil. Também espero incluir uma atualização mais longa e informativa na próxima edição de *Assault on paradise*.

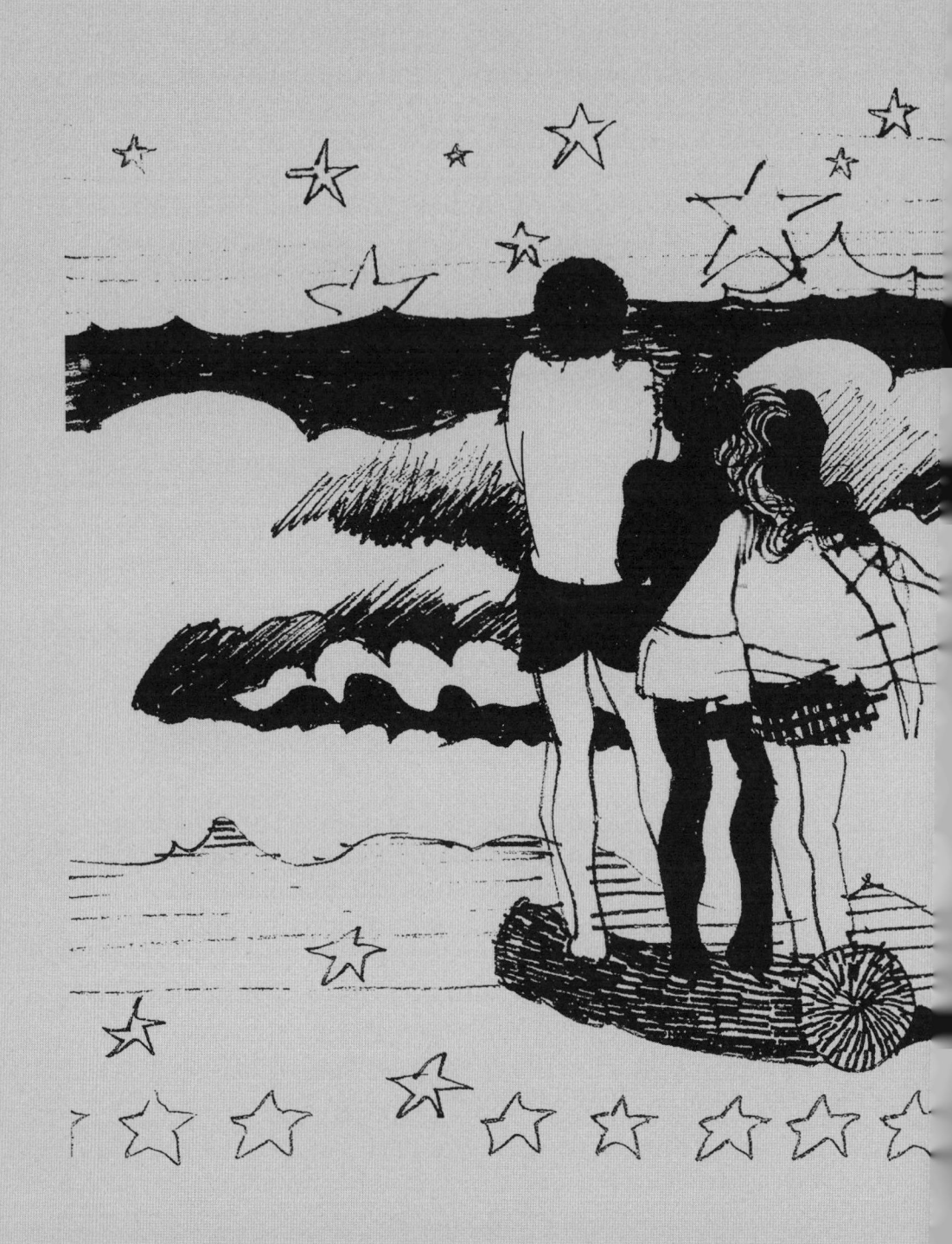

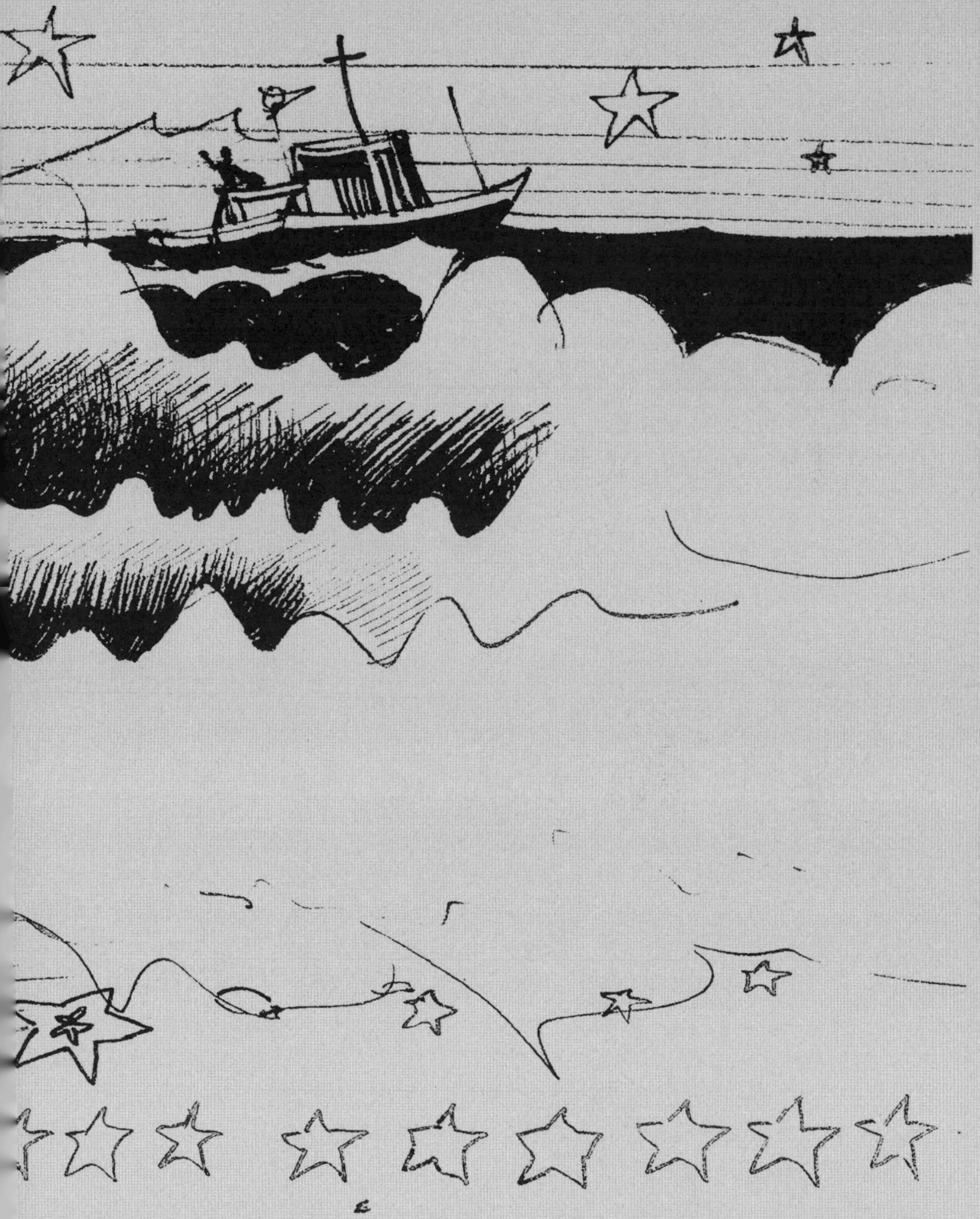

AGRADECIMENTOS

QUEM APOIOU

Este livro não existiria sem a colaboração fundamental de tantas pessoas queridas. Nosso muito obrigado por ajudarem a contar a história de Arembepe.

Adelson Dias Costa
Adriana Kazan Fleury Silveira
Adriane Nunes Kramm
Alan de Abreu Silva
Alexandre Lins
Alexandre Lobo de Carvalho
Alexandre Reitz
Alexandro Strack
Aloísio Elias dos Santos
Amelia Maria Dacach Simões
Ana Carolina Beltrão
Ana Lucia Batista Almeida
Ana Schiper
Ana Viegas
André Luiz Souza Aguiar
André Stepan Fernandes Kaloubek
Andrea Barretto
Andrea O. Mota Baril
Andrea Pisani
Andreia Santos Vidal

Angela F R Parada
Angela Klinke
Angela Marcia Andrade Silva
Angélica Banhara
Antonio Miranda Fernandes
Arla Cristiane Coqueiro
Arlete Andrade Soares
Artur Carmel
Aurelio Nunes
Bianca Homsi da Fonseca
Boi Tricotado
Bruno Thys
Carla Marta Barros Castro
Carolina F da Cunha
Carolina Pasquali
Catharina M Attema
Celeste Yan Chu
Celeste de Moraes Ferreira
Celia Regina Costa
Chico Ulisses
Cíntia Araium

Claudia Kusch de Santana
Claudia Menezes
Cláudia Salomão
Claudia Santalucia Maximino
Claudio Ferreira
Cleonice Silva
Cristina Naumovs
Da orla Melo
Daniel Chalfon
Daniel Furtado
Daniela Saviani
Daniela Teramoto
Danival Pereira Dias
Dario Rodrigues de Menezes Junior
Delzio Marques Soares
Denise Menicucci
Denise Viana Nonaka Aliende Ribeiro
Diego Mendes
Eclair Antonio Almeida Filho
Edna Tavares
Eduardo Antonio Franzon
Eliana Giannella Simonetti
Eliani Prado
Elisabete Araújo dos Santos
Emmanuel Requião
Eramita Encarnação
Eva Cristina Freitas
Evelin Buchegger

Fabiana Silva
Fabio Henrique Costa de Almeida
Fabio Maia Ribeiro
Fabricio Bizu
Fause Haten
Fausto Franco
Felipe Mascarenhas
Fer Nando Arembepe
Fernanda Reitz Toledo Amaral
Flávia G.
Flavia Lemos
Francisco Mieli
Francisco Teixeira
Gabi Germano
Gabriel Franco
Gabriel Guerra
Gabriel Magalhães
Georgia Abdalla Hannud
Gerson Ramos Sintoni
Gilda Pompéia
Guilherme Gomes
Gustavo Gualda Pereira Contage
Gutemberg Cruz
Helenita Ambros Costa
Heliane Carneiro Leão
Heloisa Lima Marquese
Hirlene Pereira

Hugo Ramos
Isabela Politano Larangeira
Itabajara Quadros
Ivan Marcelo Santos Moraes
Jaira Lima
Jane Cavazini Penna de Carvalho
JH Domingues
Joao Alfredo Figueiredo
João Carlos Carvalho Gomes
João Carlos de Sá Damasceno
João Carlos Juruna Gonçalves
João Gabriel Santana de Lima
João José Pereira Pierote
João Maurício
Jobel Praseres
Jocete Fontes
Joene Susana Lopes Martins
Jolivaldo Freitas
Jomar Oliveira de Farias
Jorge Roberto Tarquini
José Marcelo Dantas dos Reis
José Ney do Nascimento Santos
Julia Cardoso Pereira
Juliana Berlim
Juliana Mariz de Oliveira
Juliana Pereira da Silva
Kaíke Nanne

Laura Rodrigues Panassol
Laura Zalis
Lauro Henriques Jr.
Leda Dias Costa
Leila Ambros Costa
Leônidas Cardoso de Menezes Filho
Lígia Aguiar
Lilia Gramacho Calmon
Lucia Álvares Pedreira
Lucia Bichara
Lucia Helena Lima Castelo Branco
Luciana Parada
Luciana Queiroz
Luciana Visco
Luciano Mendes
Luciano Patzsch
Luis Guilherme Pontes Tavares
Luis Jorge Rocha Vale
Luisa Ambros
Luiz Afonso Dias
Luiz Guilherme Mello
Luiz Marfuz
Luiz Octavio Vieira
Luiza Ribeiro
Lygia Beck
M. Aruane S. Garzedin
Marcela Mizuguchi

Marcelo Gomes
Marcelo José Silva do Rio Bamar
Marcelo Schwab Rodrigues
Marcelo Sentges
Márcia Claudia Souza da Silva Rocha
Marcia Melis
Margareth Barbosa de Jesus
Maria Alice
Maria Beatriz Messeder dos Santos Dantas
Maria Célia Campinho Viana
Maria Christina N. Mucci
Maria de Fátima Carneiro de Mendonça
Maria de Fátima F. Almeida
Maria Edite da Silva Costa
Maria Flor Calil
Maria Helena Bagnoli
Maria Julieta Villas-Boas Lomanto
Maria Luisa Carvalho Soliani
Maria Luísa Persichetti
Mariane Ortiz
Marina P. C. Araújo
Mario César Dantas Rodrigues
Mario Viana
Marta Olivia Bem de Medeiros
Maureen Mandelli Correa
Maurício Britto Magalhães
Mauricio Fonseca Filho
Mauricio Pessoa Santos Pereira
Mauro Braga
Meirivane Santos
Miguel G. B. Marquese
Mila Moraes e Sheila Varela
Milena Britto de Queiroz
Mônica Castro Marques
Monica Daltro
Mônica Maria Pascoal Padui
Murilo Fiuza
Nathalia Berchieri
Nil Pereira
Ofelia de Castro Maia
Olita Marília Martins Morales
Oscar Dourado
Osmar Santos
Paloma Amado
Patricia Hargreaves
Patricia Maria Di Lallo Leite do Amaral
Patricia Orrico
Paula Veloso de Castro
Paulo Cesar Miguez de Oliveira
Paulo Gouvea
Paulo Henrique Cardoso Pereira
Paulo Roberto Comyn Elias
Paulo Roberto Portella Monteiro de Souza

Pedro Cabral
Pedro Figueiredo
Phillip Martins
Piti Canella
Pousada A Capela
Rafael Freitas Costa
Raôni Bins Pereira
Raul Oliveira Motta Jr
Renata Mariz
Renata Rezende
Renata Scavuzzi Costa
Renato de Medeiros
Ricardo Visco
Riklinia Dourado
Roberta Dantas
Roberta Frota Villas Boas
Roberto Fanucchi
Rubem Passos Segundo
Sandra Lima Costa
Sandra Sampaio
Sandra Silva Paulsen
Serge Etringer
Sergio Luiz Ilkiu
Shirley de Souza Tavares de Alencar
Silvia Nunes do Rosario
Silvio Roberto Mieli
Simone Prazeres
Suki VB

Sureia Spinola Barigchum
Tacilla Siqueira
Tânia Mara Pessanha
Tânia Maria Lobo de Carvalho
Tati Lima
Telma Alvarenga
Teresa Queiroz
Thais Chede Soares
Thiago Pires de Castro Melo
Thomas Traumann
Tiago Afonso
Tiana Siqueira
Tiemy Akamine
Vanessa Barone
Vanêssa Figueiredo Costa
Vera Ligia Rangel
Victor Zockun
Virginia Freitas
Vivien Platon Bezerra Lopes Oliveira
Vivina Machado
Walkiria Rocha Oliveira
Walter Vallari
Washington Azevêdo
Wilma Almeida Mendes

Este livro utilizou as fontes Libre Baskerville e Barlow Condensed.
Foi impresso na gráfica Rotaplan, no papel Pólen Natural 80g,
na primavera de 2022, 60 anos depois que o norte-americano
Conrad Kottak visitou pela primeira vez Arembepe para
produzir um pioneiro estudo antropológico sobre a região.